역사

특수교사가 쓴 우리 역사 첫걸음

특수교육대상 학생들을 위한 역사수업

역사

특수교사가 쓴 우리 역사 첫걸음

권혁운 지음

가온누리

들어가는 글

이 책은 특수교육 대상 학생들이 역사를 더욱 쉽게 배우고 이해할 수 있도록 돕기 위해 특별히 만들어졌습니다. 그들을 위한 맞춤형 역사교재가 부족하다는 문제의식에서 시작된 이 워크북은 그러한 요구를 충족시키켜 줄것입니다.

역사는 과거의 이야기들로 가득 차 있습니다. 이러한 이야기들은 우리에게 많은 교훈을 주고, 우리의 삶과 현재를 이해하는 데 큰 도움이 됩니다. 더 나아가, 역사는 기본적인 문화 콘텐츠 중의 하나로 일상에서 폭넓게 소비되고 있습니다. 드라마, 영화, 웹툰, 도서, 게임 등 다양한 분야에서 역사를 만나기 때문에 풍요로운 일상을 누리기 위해서 역사는 선택이 아니라 필수입니다.

이 책은 문해 능력을 갖추지 못한 학생들도 수업에 참여할 수 있도록 설계되었습니다. 학생들이 흥미를 가지고 역사를 배울 수 있도록 다양한 활동을 포함하고 있으며, 여기에는 그림 붙이기, 선 잇기, 단어 쓰기와 같은 활동들이 들어 있습니다. 이러한 활동들은 학생들이 역사를 더 깊이 이해하고, 손과 눈을 함께 사용하여 학습하는 데 큰 도움을 줄 것입니다. 아울러, 역사의 종합적인 이해를 위해 위인, 문화재, 전통문화도 같은 방식으로 공부하도록 하였습니다.

그럼 이 책이 어떻게 구성되어 있는지 좀 더 자세히 소개하겠습니다.

- 키워드를 통한 학습: 특수교육 대상 학생들이 세세한 역사지식보다는 꼭 알아야 할 키워드를 통해 역사를 학습하도록 설계했습니다. 한 가지 주제를 한 페이지에 담고 문제 해결까지 마치도록 했습니다.
- 간결한 설명: 하나의 학습지는 3~5문장으로 되어있으며 대체로 한 문장은 하나의 키워드를 설명하고 있습니다.
- 다양한 활동: 그림 붙이기, 선 잇기, 단어 쓰기 순으로 인지능력에 맞게 문제 해결에 참여하고, 다양한 방법으로 반복 학습이 가능하도록 했습니다.
- 쉬운 문장 구성: 특수교육 대상 학생들을 위한 책인 만큼 문장을 최대한 짧게 구성하였고, 쉬운 단어를 선택했습니다. 학생들이 어려워할 만한 단어는 따로 설명해두었으며, 알아야 할 교훈도 함께 넣어 삶의 지혜까지 얻을 수 있도록 구성하였습니다.
- 역사신문: 알아둘 필요가 있는 역사적 사건이나 인물은 역사신문 형태로 따로 학습하도록 했습니다.
- 주제 요약 챕터: 한 달 동안에 우리나라의 역사를 집약적으로 지도하기 원하는 선생님들을 위해 8개의 주제 앞에 각 주제의 내용을 요약한 챕터를 배치하였습니다. 이를 통해 역사의 의미와 선사시대부터 현대까지의 역사내용을 8번의 수업으로 모두 살펴볼 수 있습니다.
- 놀이 학습 부록: 놀이를 통해 역사를 공부할 수 있도록 여러 가지 주사위 놀이와 카드 게임을 부록으로 첨부했습니다.

장애학생들도 역사를 즐기고 누릴 자격이 있습니다. 이 책을 통해 장애학생이 역사를 재미있게 배우고, 배운 내용을 일상에 적용하기를 바랍니다. 수업 내용을 모두 이해하지 못하더라도, 참여하는 과정을 통해 역사의 재미를 느끼고 자신감을 키워나갈 수 있을 것입니다.

이제, 함께 과거로 떠나볼까요?

학생 여러분의 역사 여행을 응원합니다.

추천사

특수교육대상자를 위한 역사 교육 자료

한경근(단국대학교 특수교육과 교수)

우리는 일상에서 역사를 쉽게 만난다. 고궁이나 유적지에 나들이 가고 드라마와 영화에서 옛 임금과 장군을 만나기도 한다. 우리가 살아온 시간과 경험이 곧 역사이므로 우리 삶과 역사는 그냥 맞닿아 있다. 그런데 학교에서 역사를 말하면 어떤가? 인류가 살아온 시간의 흐름 속에서 인물과 사건을 외우고 시험을 치러 점수를 매기던 기억 때문일까? 더구나 지적장애 학생들에게 역사는 어렵다는 이유에 앞서 그 필요성조차 공감하지 못한 '역사'가 여전히 현재진행형이다. 2022년에 개정된 국가수준교육과정에서도 역사를 다루는 공간은 현저히 좁아져 있다.

역사를 통해 우리 문화와 사회를 이해하고 한국인으로서 그리고 시민으로서 정체성을 형성한다. 개인적인 차원으로도 자기 자신에 대한 인식을 갖게 하여 개인의 삶과 관련된 경험과 이야기를 이해하는 데 도움을 준다. 역사는 우리가 어떻게 발전하고 성장해 왔는지를 보여주고 과거의 실수와 성과를 통해 배움으로써 미래를 위한 더 나은 결정을 내릴 수 있다. 역사를 배운다는 것은 무엇보다 사회적 성원권을 행사하는 적극적인 모습이다. 시민으로서 책임을 이해하고 사회에 참여하는 데 중요한 역할을 한다. 따라서 장애학생에게는 자립 생활과 사회적응 교육이 더 필요하다는 생각도 일상 속에서 역사를 배우면서 가능하다. 사회적 이해와 공감, 자아 정체성, 시민 의식과 참여 모두 역사 교육에서 길러지는 것이기 때문이다.

'특수교사가 쓴 우리역사 첫걸음'의 발간은 가히 특수교육 분야에서 역사적 사건으로 기억될 것이다. 이 책은 장애학생은 물론 누구에게도 친근하게 역사를 만나게 한다. 누구나 접근 가능한 과거, 모든 학습자를 위한 생생한 역사교육 방법을 잘 보여주고 있기 때문이다. 생생한 역사교육은 삶과 연계하는 것이다. 장애학생에게는 더욱 효과적이다. 학생의 실제 생활 경험과 사례와 이야기를 사용하여 역사적 사건의 연관성을 더욱 높인다. 다양한 감각자료를 사용하고 활동을 하면서 학습할 수 있도록 계획한다. 복잡한 역사적 개념을 학생들이 이해하기 쉬운 간단하고 직관적인 언어로 설명한다. 주요 정보와 개념을 자주 반복한다. 다양한 활동과 매체를 통해 반복 학습을 하되 흥미를 유지한다. 모두 이 책이 학생들과 만나는 방법이다.

장애학생에게 역사를 가르친 오랜 현장 경험에서 터득했을 노하우는 물론 역사를 사랑하는 저자의 노력을 느낀다. 교육현장에서 이 책으로 즐겁게 공부하는 교사와 학생들의 모습이 기대된다. 국가수준교육과정과 교과서를 개발한 책임자로서 역사를 충분히 다루지 못한 아쉬움을 달래게 해준 저자에게 고마움이 크다. 청출어람.

2024년 5월 한경근

추천사

특수교육대상학생·느린학습자를 위한 소중한 역사교육 자료

백신초등학교 특수교사 소유진

초등학교 특수학급에 근무하면서 고학년이 될수록 사회를 어려워하는 아이들을 많이 만났고 그 이유를 물어보면 역사를 배우는데 이해하기 어렵다는 이야기를 자주 했었다. 몇 년 전 특수학급에서 5, 6학년 학생들의 사회 수업을 한 적이 있다. 우리나라 역사에 대한 수업을 시작하자 대부분 역사는 복잡하고 재미없다는 반응이었다.

우선 역사에 대한 흥미를 높여야겠다고 생각하고 단행본으로 나온 스티커북도 사고 교과서에 나온 사진 자료를 스케치북에 오려 붙이는 활동을 하며 수업을 했다. 그런데 수업을 진행할수록 단편적인 사건이나 위인에 대한 지식 전달이 아니라 우리나라 문화와 역사의 흐름을 잘 알려주는 것이 중요하다는 생각이 들었다.

역사에 대한 배경지식을 확장 시키기 위해 읽기와 영상 자료를 활용하여 시대별생활 모습과 특징을 살펴보고 아이들과 역사 연대기를 그려보며 수업을 했는데 학교체험학습으로 국립중앙박물관에 가게 되었다. 한 학생이 다른 장소보다 유독 선사·고대관을 좋아했는데 그 이유는 교과서에서 본 구석기·신석기 유물을 스스로 찾았기 때문이었다. 진짜 책이랑 똑같다면서 신기해하며 좋아하던 아이의 모습이 아직도 생생하게 기억나고 수업에 대한 보람을 느꼈다. 아는 만큼 보이는 즐거운 경험을 했던 아이는 체험학습 이후에 더 집중해서 역사 공부를 했고 점차 사회 교과전반에 흥미를 보였다.

특수학급에서 사회 수업을 하면서 특수교육대상학생의 특성이 반영된 역사 자료가 부족하여 교수·학습 방법에 대해 계속 고민하고 준비하는 시간이 길었던 것 같다. 그런데 역사를 전공하고 특수교사로 일하는 선생님께서 집필하신 교육 자료를 먼저 접해보니 우리나라 역사, 위인, 문화유산, 전통문화에 대한 주요 내용을 체계적으로 배울 수 있는 좋은 학습 자료라는 생각이 들었다. 우리 역사와 문화 전반에 대해 쉽게 알 수 있는 내용으로 깊이 있게 연구하고 체험학습 강사 경험이 녹아든 전문성이 느껴지는 책이었다.

'나와 가족'의 역사부터 시작하여 우리 역사를 종합적으로 이해할 수 있는 내용으로 구성되었으며 워크북 형태로 설계되어 학생들이 주요 내용을 쉽고 재미있게 배울 수 있을 것 같다. 또한 역사 이야기뿐만 아니라 역사와 관련된 체험 장소와 행사, 어휘 설명, 역사·문화와 관련된 게임까지 수록되어 교실에서 다양하게 활용할 수 있는 훌륭한 자료라는 생각이 든다.
현장에서 정말 필요한 역사교육 자료가 출간된 것 같아 기쁘고 이 책을 통해 배움의 즐거움을 느낄 아이들의 모습이 기대된다.

차례

1. 역사의 의미와 시대구분
1) 역사란 무엇일까요? …8
2) 역사의 의미 …11
3) 연도의 의미 …13
4) 역사에서 우리가 알아야 할 것들 …14
5) 우리 역사를 여러 시대로 나누기 1 …17
6) 우리 역사를 여러 시대로 나누기 2 …19

2. 선사시대
1) 선사시대는 어떤 시대일까요? …22
2) 구석기시대 사람들의 생활 …26
3) 구석기 역사신문 …29
4) 신석기시대 사람들의 생활 알아보기 …30
5) 청동기시대 사람들의 생활 알아보기 …34
6) 단군신화에 대해 알아보기 …38
7) 철기시대 사람들의 생활 알아보기 …40
8) 키워드 쓰기–우리나라의 선사시대 …43

3. 삼국시대
1) 삼국시대는 어떤 시대일까요? …45
2) 삼국의 건국 …49
3) 삼국의 발전 …52
4) 키워드 쓰기–삼국의 탄생과 발전 …55
5) 삼국의 전성기 …56
6) 삼국통일 역사신문 …59
7) 키워드 쓰기 – 삼국의 전성기와 통일, 남북국시대 …60
8) 중국과 당당하게 맞선 고구려 …61
9) 삼국시대 사람들의 생활과 문화재 …62
10) 남북국시대–통일신라와 발해 …65

4. 고려시대
1) 고려시대는 어떤 시대일까요? …68
2) 고려의 건국 …72
3) 고려의 발전 …75
4) 고려의 사회 …76
5) 힘센 나라와 맞선 고려의 힘겨운 싸움 …78
6) 고려시대 역사신문 …81
7) 고려의 혼란과 멸망 …82
8) 고려의 대표적인 유물 …83
9) 키워드 쓰기–고려의 건국과 발전 및 사회 …86
10) 키워드 쓰기– 외세에 맞선 고려의 힘겨운 싸움, 고려의 혼란과 멸망 …87

5. 조선시대
1) 조선시대는 어떤 시대일까요? …89
2) 조선의 건국 …93
3) 조선의 발전 …96
4) 키워드 쓰기–조선의 건국과 발전 …99
5) 세종대왕의 업적 …100
6) 조선의 신분제도 …102
7) 일본, 청나라와 싸운 조선 …105
8) 임진왜란 역사신문 …108
9) 임진왜란 이후 조선사회의 변화 …109
10) 조선의 대표적인 유적 …112
11) 조선의 혼란과 멸망 …115
12) 키워드 쓰기–일본, 청나라와 싸운 조선, 임진왜란 이후 조선사회, 조선의 혼란과 멸망 …118

6. 일제강점기
1) 일제강점기는 어떤 시대일까요? …120
2) 일본의 식민지가 된 조선 …124
3) 3.1운동 역사신문 …127
4) 노예처럼 살았던 우리나라 사람들 …128
5) 나라를 되찾기 위한 독립운동 …131
6) 키워드 쓰기–일본의 지배와 우리 민족의 독립운동 …134

7. 현대
1) 현대는 어떤 시대일까요? …136
2) 광복과 분단 …140
3) 한국전쟁 역사신문 …143
4) 맨 손으로 이뤄낸 경제성장 …144
5) 우리나라 민주주의의 발전 …147
6) 키워드 쓰기–우리나라의 현대 역사 …150

〈부록〉
1) 국경일에 대해 알아볼까요? …153
2) 우리나라의 국경일 – 삼일절 …157
3) 우리나라의 국경일 – 제헌절 …160
4) 우리나라의 국경일 – 광복절 …163
5) 우리나라의 국경일 – 개천절 …166
6) 우리나라의 국경일 – 한글날 …169

역사의 의미와 시대구분

역사란 무엇일까요?

1. 역사는 전에 있었던 일 중에서 중요하게 생각되는 것을 말합니다. 우리가 역사를 공부하는 이유는 교훈을 얻기 위해서입니다. 즉 우리나라에서 일어났던 중요한 일들 중에 좋은 것들은 배우고 나쁜 것들은 하지 않도록 하기 위해서 입니다.
2. 연도는 시간을 재는 단위로 1년을 의미합니다. 연도를 통해 우리는 중요한 사건을 기억하고 기록할 수 있습니다. 우리나라는 예수 그리스도의 탄생을 기준으로 기원전과 기원후로 나누는 서기를 연도로 사용하고 있습니다.
3. 역사에서 우리가 배우는 것은 역사적 사건, 위인, 문화재, 생활 등이 있습니다.
4. 우리나라의 역사는 크게 선사시대와 역사시대로 나눕니다. 선사시대는 글자가 없었던 시대로 주로 사용했던 물건(유물)으로 생활을 짐작할 수 있습니다. 역사시대는 글로 쓰여진 기록이 남아 있는 시대입니다. 글을 통해 우리는 중요한 사건이나 당시 사람들의 생활을 알 수 있습니다.

◎ 역사에 대한 단어를 쓰고 그림을 바르게 붙여보세요.

①	②
③	④

● 교훈: 앞으로의 생활이나 행동에 도움이 되는 가르침입니다.

역사란 무엇일까요? - 그림찾기

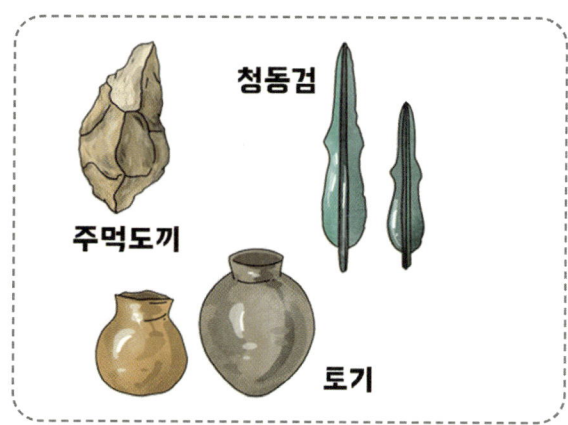

역사와 관련된 단어와 그림을 바르게 이어보세요.

- 역사적 사건 •
- 예수 그리스도 •
- 물건(유물) •
- 글자 •

- 청동검
- 주먹도끼
- 토기
- 한글창제
- 3.1운동

역사의 의미에 대해 알아보기

1. 역사는 전에 있었던 일 중에서 중요하게 생각되는 것을 말합니다.
2. 우리나라의 역사 외에도 나의 역사, 우리 가족의 역사, 우리 동네의 역사 등 여러 가지 역사가 있습니다.
3. 역사를 공부하는 이유는 우리나라에서 일어났던 중요한 일 중에서 좋은 것을 배우고 나쁜 것들은 하지 않기 위해서입니다.

◎ 나와 가족의 역사를 나타낸 그림 중 4개를 선택하여 내용을 쓰고 순서대로 붙여보세요.

①

②

③

④

역사의 의미에 대해 알아보기 - 그림찾기

연도에 대해 알아보기

1. 연도는 시간을 재는 단위로 1년을 의미합니다. 연도를 통해 우리는 중요한 사건을 기억하고 기록할 수 있습니다.
2. 우리가 일반적으로 쓰는 연도를 서기라고 부릅니다. 서기는 예수 그리스도의 탄생을 기준으로 하고 있습니다. 예수가 태어난 해를 서기 1년으로 정하고 기원전(예수 탄생 전:BC)과 기원후(예수 탄생 후: AD)로 나누고 있습니다.
3. 중요한 사건이 일어난 연도와 날짜를 같이 쓰기도 합니다. "한국전쟁은 1950년 6월 25일에 일어났다." 라는 식으로 말입니다.

◎ 밑줄에 알맞은 단어를 써보세요.

◎ 네모 안의 역사적 사건을 위 그림과 같이 표시해 보세요.

> 1. 신라가 세워지다: 기원전 57년   2. 세종대왕의 한글 발표: 기원후 1443년

1년

역사에서 우리가 알아야 하는 것들

1. 역사에는 많은 사람의 인생과 생활에 큰 영향을 미치는 일들이 있는데 이를 역사적 사건이라고 합니다. 역사적 사건은 새로운 나라의 탄생, 전쟁, 도구의 발명 등이 있습니다.
2. 역사적 사건을 일으키는 것은 대부분 사람입니다. 그중에서도 훌륭한 업적을 남긴 사람을 위인이라고 합니다. 위인에는 나라를 잘 다스린 왕, 나라를 지킨 장군, 백성에게 좋은 일을 한 사람, 뛰어난 예술가 등이 있습니다.
3. 조상님이 남긴 물건이나 장소를 통해서도 조상님의 생활과 생각을 알 수 있습니다. 조상님이 남긴 물건이나 장소 중에 가치가 높은 것을 문화재라고 합니다.
4. 역사 공부는 조상님이 어떻게 살았는지 알아보는 것이기도 합니다. 역사를 공부하면 조상님들의 생활을 알게 되는데 대표적인 것이 조상님들의 의식주입니다. '의'는 옷, '식'은 음식, '주'는 집을 말합니다.

◎ 역사에서 우리가 알아야 할 것들을 쓰고 그림을 바르게 붙여보세요.

①

②

③

④

★ 업적: 어떤 사람이 해낸 훌륭한 일

역사에서 우리가 알아야 하는 것들 - 그림찾기

역사에서 우리가 알아야 하는 것들과 관련된 단어와 그림을 바르게 이어보세요.

역사적 사건 •

위인 •

문화재 •

의식주 •

우리 역사를 여러 시대로 나누기 ①

1. 우리나라의 역사는 크게 선사시대와 역사시대로 나눕니다.
2. 선사시대는 글이 없었던 시대입니다. 이 시대는 주로 사용했던 물건으로 생활을 짐작할 수 있습니다.
3. 선사시대는 도구를 만드는 방법이나 재료에 따라 시대를 나눕니다. 구석기(돌을 깨서 도구를 만듦)- 신석기(돌을 갈아서 도구를 만듦)-청동기(구리+주석)-철기(쇠) 시대순으로 이루어집니다.

◎ 우리나라 선사시대의 이름을 쓰고 알맞는 그림을 붙여주세요.

①

②

③

④

★ 시대: 사회의 큰 변화를 기준으로 나누는 시간의 단위입니다.

우리 역사를 여러 시대로 나누기 ① - 그림찾기

우리 역사를 여러 시대로 나누기 ②

1. 역사시대는 글로 쓰여진 기록이 남아 있는 시대입니다. 글을 통해 우리는 중요한 사건이나 당시 사람들의 생각과 생활을 알 수 있습니다.
2. 역사시대는 세워진 나라들로 구분하고 ~시대라고 이름을 붙입니다.
3. 역사시대를 순서대로 말하면 삼국시대-남북국시대-고려시대-조선시대-현대 순으로 이어집니다.

◎ 우리나라 역사시대의 이름을 쓰고 알맞는 그림을 붙여주세요.

①

②

③

④

⑤

우리 역사를 여러 시대로 나누기 ② - 그림찾기

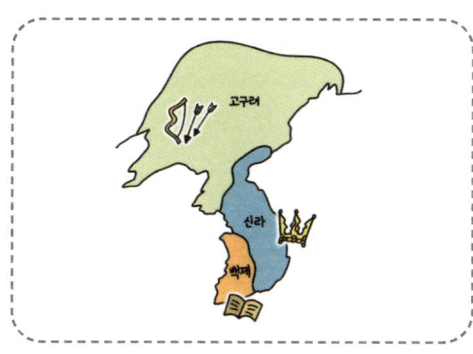

선사시대는 어떤 시대일까요?

1. 선사시대는 구석기-신석기-청동기-철기시대 순으로 진행되었습니다. 이동생활을 했습니다.

2. 구석기시대는 돌을 깨서 도구를 만들었습니다. 식량은 주로 사냥을 하거나 열매를 채집하여 얻었 습니다. 대표적인 유물은 주먹도끼로, 베고 찌르거나 찍을 수 있는 도구입니다.

3. 신석기시대는 돌을 갈아서 도구를 만들었습니다. 농사를 시작하였고, 먹을 것을 저장하기 위해 흙으로 만든 그릇인 토기를 만들었습니다.

4. 청동기시대는 구리와 주석을 녹여서 청동을 만든 시대입니다. 우리나라 최초의 나라 고조선이 세워졌고, 사람을 높은 사람과 낮은 사람으로 나누는 계급이 생겼습니다. 대표적인 문화재는 큰 돌로 만든 무덤인 고인돌입니다.

5. 철기시대는 철(쇠)로 도구를 만든 시대입니다. 철로 농기구와 무기를 만들어 식량 생산이 늘어났고, 힘센 나라들이 나타났습니다. 힘센 나라들이 계속 주위의 작은 나라를 차지하면서 삼국시대가 시작 됐습니다.

선사시대는 어떤 시대일까요? - 그림 붙이기

◎ 선사시대 사람들의 생활을 나타낸 단어를 쓰고 알맞은 그림을 붙여주세요.

선사시대는 어떤 시대일까요? - 그림 찾기

먹을게 없구나 다른 곳으로 가자!

선사시대와 관련된 단어와 그림을 바르게 이어보세요.

이동생활 ●   ●

농사 ●   ●

고조선 ●   ●

계급 ●   ●

구석기시대 사람들의 생활 알아보기

1. 구석기시대 사람들은 식량을 찾아 돌아다니는 **이동생활**을 했습니다.
2. 먹을 것은 주로 **사냥**을 하거나 열매나 채소를 **채집**하여 얻었습니다.
3. 구석기 시대의 대표적인 물건은 돌을 깨서 만든 **주먹도끼**입니다. **주먹도끼**는 베고 찌르거나 찍을 수 있는 도구입니다.

◎ 구석기시대 사람들의 생활을 나타낸 단어를 쓰고 알맞은 그림을 붙여주세요.

①

②

③

④

● **교훈**: 특별히 힘이 세거나 빠르지 않은 인간이 어떻게 자연에서 살아남을 수 있었을까요? 그것은 무리를 지어 서로를 돕고 끊임없는 노력으로 도구를 발전시켰기 때문입니다. ★ **채집**: 돌아다니면서 열매를 따거나 채소를 캐는 활동

구석기시대 사람들의 생활 알아보기 - 그림찾기

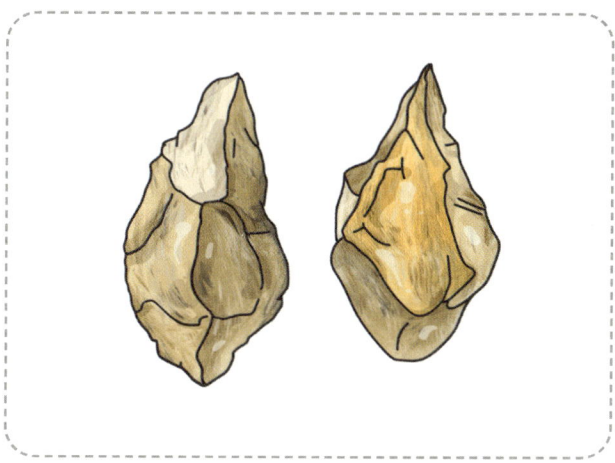

먹을게 없구나 다른 곳으로 가자!

구석기시대와 관련된 단어와 그림을 바르게 이어보세요.

이동생활 ●

●

사냥 ●

●

먹을게 없구나 다른 곳으로 가자!

채집 ●

●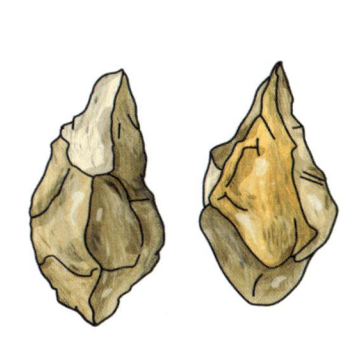

주먹도끼 ●

●

구석기 역사신문

날짜 :

만든이 :

구석기시대의 만능칼

 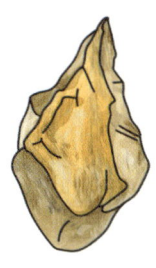 

구석기시대 사람들이 사용했던 물건이 여러 곳에서 발견되고 있다. 이 중에서 경기도 연천 전곡리에서 발견된 (　　　　)가 가장 유명하다. 이 도구는 찍고 베고 찌를 수 있는 만능칼이라고 할 수 있다.

구석기시대 최고의 발견

힌트> 맹수, 추위, 소화와 기생충

구석기시대 사람들이 점점 오래 살게 된 이유가 밝혀졌다. 불을 사용하면서 전보다 건강하고 안전하게 살 수 있었다. 불을 사용함으로서

1. _____
2. _____
3. _____

구석기시대 사람들의 먹을 것 구하기

구석기시대 사람들은 먹을 것을 주로 (　　　　)과 (　　　　)으로 구하였다. 또 사냥감과 열매가 떨어지면 다른 곳으로 이사가는 이동생활을 하였다.

신석기시대 사람들의 생활 알아보기

1. 신석기시대 사람들은 돌을 갈아서 도구(간석기)를 만들었습니다.
2. 농사를 짓기 시작했습니다. 곡식을 얻기 위해서는 씨앗을 뿌리고 물을 주며 잡초를 뽑아줘야 합니다. 그래서 집을 짓고 한곳에서 계속 사는 (정착생활)을 시작했습니다.
3. 먹을 것을 저장하기 위해 흙으로 만든 그릇인 토기(빗살무늬토기)를 만들었습니다.

◎ 신석기시대 사람들의 생활을 나타낸 단어를 쓰고 알맞은 그림을 붙여주세요.

①

②

③

④

● 토기는 흙으로 모양을 만들어 불에 구운 것을 말합니다. 토기는 먹을 것을 저장하는 것 외에도 여러 가지로 쓰였습니다. 전에는 고기를 불에 직접 구워서 먹었습니다. 토기가 만들어지자 물과 재료를 담아서 국을 끓여 먹을 수 있었습니다. 토기 덕분에 여러 가지 요리가 가능하게 된 것입니다.

신석기시대 사람들의 생활 알아보기 - 그림찾기

신석기시대와 관련된 단어와 그림을 바르게 이어보세요.

간석기 ● ●

농사 ● ●

정착생활 ● ●

토기
(빗살무늬) ● ●

신석기시대 사람들 생활을 나타낸 그림에 알맞은 단어를 써보세요

힌트

움집, 간석기, 정착생활, 토기(빗살무늬토기)

청동기시대 사람들의 생활 알아보기

1. 청동기시대 사람들은 땅에서 광물을 캐내서 금속을 만들기 시작했습니다. 처음으로 만든 금속은 구리와 주석을 섞어서 만든 청동입니다.
2. 청동기시대에 우리나라 최초의 나라인 고조선이 세워졌습니다.
3. 청동기시대에 사람을 높은 사람과 낮은 사람으로 나누는 계급이 생겼습니다.
4. 큰 돌로 만든 고인돌은 청동기시대 지배층의 무덤입니다.

◎ 청동기시대 사람들의 생활을 나타낸 단어를 쓰고 알맞은 그림을 붙여주세요.

①

②

③

④

★ 지배층: 사회나 나라를 다스리는 사람들을 말합니다. 옛날에는 왕이나 족장, 귀족들이 지배층이었습니다.
★ 계급: 사람들을 권력, 신분, 재산 등으로 높은 사람과 낮은 사람으로 나누는 것을 말합니다.
★ 광물: 땅을 이루고 있는 작고 단단한 물질 예) 금, 은, 동, 철, 알루미늄 등

청동기시대 사람들의 생활 알아보기 - 그림찾기

청동검   청동거울   청동방울

왕족   귀족   평민   천민

청동기시대와 관련된 단어와 그림을 바르게 이어보세요.

청동 ●

왕족　귀족　평민　천민

고조선 ●

계급 ●

청동검　청동거울　청동방울

고인돌 ●

청동기시대의 대표적인 유물의 이름과 그림을 바르게 이어보세요.

민무늬토기 ●　　　● (청동검 그림)

청동거울 ●　　　● (민무늬토기 그림)

청동검 ●　　　● (고인돌 그림)

고인돌 ●　　　● (청동거울 그림)

단군신화에 대해 알아보기

1. 단군신화는 **청동기시대**에 세워진 **고조선**의 탄생에 대한 전설입니다.
2. 단군신화는 곰을 섬기는 부족과 하늘을 섬기는 환웅부족이 합해져 고조선이 세워진 것을 표현한 이야기입니다.
3. 우리나라에서 처음으로 고조선이라는 나라가 세워진 것을 기념하는 날이 **개천절**입니다.

◎ 단군신화의 내용을 나타낸 그림을 순서대로 붙여보세요.

① 환웅의 부탁	② 땅으로 내려온 환웅	③ 곰과 호랑이의 소원
④ 100일을 참아낸 곰	⑤ 환웅과 결혼한 웅녀	⑥ 단군, 나라를 세우다!

★ 신화: 옛날 사람들이 만든 신기한 이야기입니다. 신이나 영웅의 삶, 우주와 나라의 탄생을 다룬 것이 많습니다. 우리나라에서는 단군을 비롯하여 나라를 세운 왕들의 신화가 많습니다.

★ 부족: 같은 조상, 언어, 종교 등을 가지고 모여 사는 무리를 말합니다. 부족을 다스리는 사람을 부족장이라고 부릅니다. 부족보다 더 작은 무리는 가족과 친척으로 이루어진 씨족입니다.

★ 개천절은 나라의 경사스러운 일을 기념하기 위해 정한 '국경일'입니다. 우리나라의 국경일은 개천절 외에도 3.1절, 제헌절(7월 17일), 광복절(8월 15일), 한글날(10월 9일)이 있습니다.

단군신화에 대해 알아보기 - 그림찾기

철기시대 사람들의 생활 알아보기

1. 철기시대는 철(쇠)로 도구를 만든 시대로 기원전 300년경부터 기원후 300년경까지의 시대를 말합니다.
2. 철로 농기구를 만들었습니다. 전보다 땅을 깊게 갈고 밭도 쉽게 만들 수 있어 곡식을 많이 얻을 수 있었습니다. 먹을 것이 많아진 만큼 인구가 늘었습니다.
3. 철로 강력한 무기를 만들어 활용한 부족이 다른 부족을 차지하고 나라로 발전했습니다. 이어서 큰 나라가 작은 나라를 차지하면서 삼국시대(신라, 고구려, 백제)가 시작됩니다.
4. 대표적인 유물로는 농기구, 세형동검, 독무덤, 검은 간토기 등이 있습니다.

◎ 철기시대를 나타낸 단어를 쓰고 알맞은 그림을 붙여주세요.

①

②

③

④

★ 철로 만든 튼튼한 농기구로 땅을 깊게 파면 식물이 깊은 땅 속에 있는 영양분을 흡수할 수 있었습니다.

철기시대 사람들의 생활 알아보기 - 그림찾기

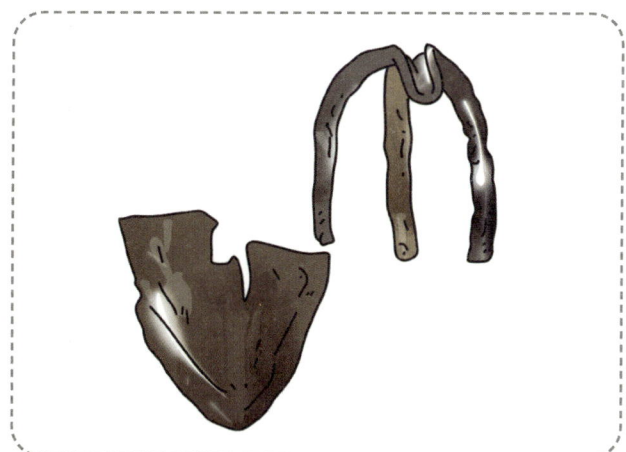

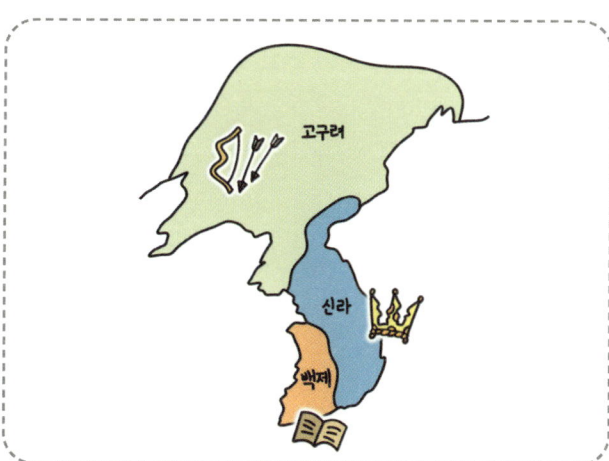

철기시대와 관련된 단어와 그림을 바르게 이어보세요.

무기 •

•

삼국시대 •

•

세형동검 •

•

농기구 •

•

우리나라의 선사시대 - 키워드 쓰기

구석기시대
1. 구석기시대 사람들은 식량을 찾아서 돌아다니는 (   )을 했습니다.
2. 먹을 것은 주로 (   )을 하거나 열매를 (   )하여 얻었습니다.
3. 구석기 시대의 대표적인 도구는 돌을 깨서 만든 (   )입니다.
   (   )는 베고 찌르거나 찍을 수 있는 도구입니다.

신석기시대
1. 신석기시대 사람들은 돌을 갈아서 도구(   )를 만들었습니다.
2. 농사를 짓기 시작했습니다. 곡식을 얻기 위해서는 씨앗을 뿌린 다음 물을 주고 잡초도 뽑아줘야 합니다. 그래서 집을 짓고 그 집에서 살아가는 (   )을 시작했습니다.
3. 먹을 것을 저장하기 위해 흙으로 만든 그릇인 (   )를 만들었습니다.

청동기시대
1. 청동기시대 사람들은 땅 속에서 광물을 캐내서 금속을 만들기 시작했습니다. 처음으로 만든 금속은 (   )으로 구리와 주석을 섞어서 만들었습니다.
2. 청동기시대에 우리나라 최초의 나라 (   )이 세워졌습니다.
3. 청동기시대에 사람을 높은 사람과 낮은 사람으로 나누는 (   )이 생겼습니다.
4. 큰 돌로 만든 (   )은 청동기시대 지배층의 무덤입니다.

철기시대
1. 철기시대는 철(쇠)로 도구를 만든 시대로 기원전 300년경부터 기원후 300년경까지의 시대를 말합니다.
2. 철로 (   )를 만들었습니다. 전보다 땅을 깊게 갈고 밭도 쉽게 만들 수 있어 곡식을 많이 얻을 수 있었습니다. 먹을 것이 많아진 만큼 인구가 늘었습니다.
3. 철로 강력한 (   )를 만들어 활용한 부족이 다른 부족을 차지하고 나라로 발전했습니다. 이어서 큰 나라가 작은 나라를 차지하면서 (   )(신라, 고구려, 백제)가 시작됩니다.
4. 대표적인 도구로는 (   ), (   ), 독무덤, 검은 간토기 등이 있습니다.

❸ 삼국시대

삼국시대는 어떤 시대일까요?

1. 삼국시대는 우리나라에 신라(기원전 57년, 박혁거세), 고구려(기원전 37년, 동명성왕), 백제(기원전 18년, 온조왕) 등 3개의 나라가 있었던 시대입니다. 삼국 외에도 경상남도에 가야(42년, 김수로왕)라는 작은 나라들의 연합도 있었습니다.

2. 삼국이 세워졌을 때는 귀족들의 힘이 셌지만 점점 왕의 힘이 세졌습니다.(왕권강화) 왕은 나라의 법(율령)을 만들어 귀족들이 함부로 힘을 휘두르지 못하게 했습니다. 불교를 받아들여 왕을 부처님처럼 섬기고, 관리에 관한 법을 만들어 왕에게 충성을 바치도록 노력했습니다.

3. 나라의 힘이 강했던 전성기는 백제(근초고왕)-고구려(장수왕)-신라(진흥왕) 순으로 이루어졌습니다. 전성기는 지금의 서울을 차지했던 순서대로 이어졌는데 한강과 서해를 통해서 사람과 물건을 옮기는 데 유리했고, 식량이 많이 생산된 곳이었기 때문이었습니다.

4. 고구려는 중국의 큰 나라였던 수나라와 당나라가 쳐들어왔지만 여러 차례 크게 물리쳤습니다. (을지문덕, 살수대첩)

5. 6세기 신라가 서울을 차지하자 백제는 고구려와 손을 잡고 신라를 공격했습니다. 백제의 의자왕이 신라의 40여 개 성을 빼앗자 다급해진 신라는 당나라와 손을 잡았습니다. 신라와 당나라 연합군은 먼저 백제를(660년), 다음에는 고구려를(668년) 멸망시켰습니다.

6. 698년, 고구려 백성들이 힘을 모아 다시 발해라는 나라를 세웠습니다. 그로부터 200년간 북쪽에는 발해가 있고 남쪽에는 통일신라가 있는 시대가 이어졌습니다.

★ 연합: 두 개 이상의 나라나 모임이 서로 힘을 합치는 것

삼국시대는 어떤 시대일까요? - 그림 붙이기

◎ 삼국시대에 대한 단어를 쓰고 알맞은 그림을 붙여주세요.

삼국시대는 어떤 시대일까요? - 그림 찾기

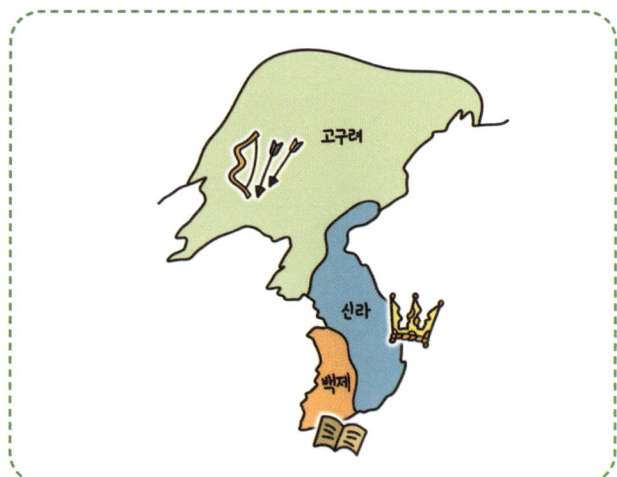

삼국시대에 대한 단어와 그림을 바르게 이어보세요.

삼국시대 ●

●

왕권강화 ●

●

서울 ●

●

을지문덕 살수대첩 ●

●

삼국의 건국

1. 신라의 건국(BC 57년)을 시작으로 고구려(BC 37년), 백제(BC 18년)가 세워져 삼국시대가 시작됩니다. 삼국 외에도 경상남도에 가야라는 작은 나라들의 연합도 등장합니다.
2. 옛날에 나라를 세운 사람(시조)의 탄생에는 신화가 있었습니다. 신화는 알에서 태어났다는 것과 같은 신기한 이야기를 말합니다.

* 나라를 세운 사람 - 고구려:동명성왕, 백제:온조왕, 신라:박혁거세, 가야:김수로왕

◎ 신라, 고구려, 백제, 가야를 세운 왕의 이름을 쓰고 그림을 알맞게 붙여보세요.

①

②

③

④

★ 건국: 나라가 세워짐   ★ 연합: 두 개 이상의 나라나 모임이 서로 힘을 합치는 것
● 교훈: 나라를 세운 왕에게 신화가 있는 이유가 무엇일까요? 아마 백성들에게 왕의 조상은 이렇게 특별한 존재이니 복종해야 한다는 의미로 만들어졌을 가능성이 높습니다.

삼국의 건국 - 그림찾기

알에서 태어난 주몽

여섯개의 알 중 제일 먼저 태어난 김수로

남쪽에 새 나라를 건국하다

신라를 세운 박혁거세

삼국의 건국과 관련된 단어와 그림을 바르게 이어보세요.

신라 ●   ● 신라를 세운 박혁거세

고구려 ●   ● 알에서 태어난 주몽

백제 ●   ● 여섯개의 알 중 제일 먼저 태어난 김수로

가야 ●   ●

삼국의 발전

1. 삼국이 세워졌을 때는 귀족들의 힘이 셌지만 점점 왕의 힘이 세졌습니다.
   1) 나라의 법(율령)을 만들고 귀족들이 마음대로 하지 못하게 했습니다.
   2) 불교를 받아들여 왕을 부처님처럼 섬기게 했습니다.
   3) 관리에 대한 법(관제정비)을 만들어 벼슬의 이름과 높고 낮음을 정하고, 서로 다른 색의 옷을 입게 했습니다.
2. 귀족들의 힘을 누르고 힘이 강해진 삼국의 왕은 다음과 같습니다.
   백제: **고이왕**(재위:254~286년), 고구려: **소수림왕**(재위:371~384년), 신라: **법흥왕**(재위: 514~540)

◎ 귀족을 억누르고 왕의 힘을 강하게 한 삼국의 왕에 알맞은 그림을 붙여보세요.

백제 고이왕
나라의 법(율령)을 만듦, 관등제 정비(관등에 따라 옷색깔을 다르게 함), 한강 주변을 정복

고구려 소수림왕
나라의 법(율령)을 만듦, 불교를 받아들임, 태학을 세움

신라 법흥왕
나라의 법(율령)을 만듦, 불교를 받아들임, 금관가야를 정복함

★ 재위: 왕의 자리에 있었던 시기
◉ 나라가 세워진 후 세월이 흐르면서 점점 왕의 힘이 세졌습니다. 자신에게 충성하는 관리를 지방에 보냈고, 법을 만들어 귀족들이 함부로 힘을 휘두르지 못하게 했습니다. 이렇게 왕이 강해진 나라를 중앙집권국가라고 합니다.

삼국의 발전 - 그림찾기

삼국의 발전과 관련된 단어와 그림을 바르게 이어보세요.

백제 고이왕 •   •

고구려 소수림왕 •   •

신라 법흥왕 •   •

삼국의 건국과 발전 - 키워드 쓰기

삼국의 탄생

1. (   )의 건국(BC 57년)을 시작으로 (   )(BC 37년), (   )(BC 18년)가 세워져 삼국시대가 시작됩니다. 삼국 외에도 경상남도에 (   )라는 작은 나라들의 연합도 등장합니다.

2. 옛날에 나라를 세운 사람(시조)의 탄생에는 신화가 있었습니다. 신화는 알에서 태어났다는 것과 같은 신기한 이야기를 말합니다.

* 나라를 세운 사람 - 고구려:동명성왕, 백제:온조왕, 신라:박혁거세, 가야:김수로

삼국의 발전

3. 삼국이 세워졌을 때는 귀족들의 힘이 셌지만 (   ), (   ), (   )을 통해 왕의 힘이 세졌습니다.

4. 귀족의 힘을 누르고 힘이 강해진 삼국의 왕은 다음과 같습니다.

백제: (   )(재위: 234~286년)

고구려: (   )(재위: 371~384년)

신라: (   )(재위: 514~540년)

삼국의 전성기

1. 신라, 고구려, 백제는 왕의 힘이 세지고(왕권강화), 작은 나라들을 차지하면서 점점 강해졌습니다. 나라의 힘이 가장 강했던 시기를 전성기라고 부릅니다.
2. 삼국의 전성기는 4세기 백제, 5세기 고구려, 6세기 신라순으로 이어졌습니다. 전성기는 서울을 차지했던 순서대로 이어졌는데 한강과 서해를 통해서 사람과 물건을 옮기는데 유리했기 때문이었습니다. 또 농사를 많이 지었던 곳이라 식량도 많이 얻을 수 있었습니다.
3. 백제는 근초고왕(재위: 346~375년), 고구려는 장수왕(재위: 413~490년), 신라는 진흥왕(재위: 540~576년) 때 전성기를 맞이했습니다.

◎ 백제, 고구려, 신라의 전성기를 이끈 왕을 찾아서 바르게 그림을 붙여보세요.

백제 근초고왕
고구려를 공격함(고국원왕이 목숨을 잃음). 마한지역을 정복함. 지방에 관리를 파견함.

★ 왕권: 왕의 힘
★ 업적: 어떤 사람이 해낸 훌륭한 일
★ 세기: 100년을 나타내는 시간의 단위

고구려 장수왕
백제를 공격하여 한강 지역을 차지함. 수도를 국내성에서 평양성으로 옮김.

★ 정복: 다른 나라를 싸움을 통해 차지함.

신라 진흥왕
한강지역을 차지함. 가야를 정복함. 화랑도를 만듦.

★ 화랑도: 나라를 강하게 하기 위해 만든 청소년들의 모임

★ 나라가 전성기를 맞이하기 위해선 어떤 것들이 필요할까요? 훌륭한 왕이나 관리, 풍요로운 경제, 강한 군대 등이 필요합니다.

삼국의 전성기 - 그림찾기

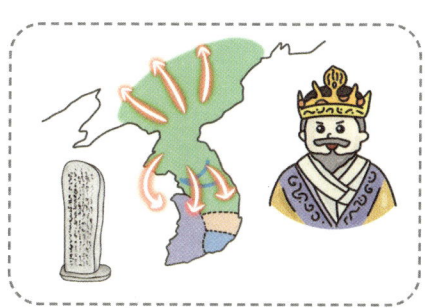

삼국의 전성기를 이끈 왕을 나라 이름과 바르게 이어보세요.

고구려 •

•

신라 •

•

백제 •

•

삼국시대 역사신문

날짜 :

만든이 :

삼국시대 역사신문을 완성해보세요

신라, 삼국을 통일하다!

6세기 신라가 서울지역을 차지하자 백제는 고구려와 손을 잡고 신라를 공격했다.
백제의 의자왕은 신라의 40여개 성을 빼앗았다. 다급해진 신라는 (　　　　)와 손을 잡고, 660년 (　　　　)를, 668년 (　　　　)를 차례로 멸망시켰다.

황산벌에서 패배한 백제군

(계백장군)

신라와 당나라의 공격에 위기에 몰린 백제는 군대를 보내 치열하게 싸웠다. (　　　　　　)은 (　　　　　　)에서 오천명의 군사를 이끌고 오만명의 신라군을 4번이나 막아냈다. 그러자 신라의 화랑 반굴과 관창이 백제군에 뛰어들어 목숨을 던지며 싸웠다. 이것을 보고 용기를 낸 신라군이 백제군을 공격했고 결국 패하고 말았다.

신라, 당나라를 몰아내다!

백제와 신라가 사라지자 당나라는 신라를 배신하고 삼국의 모든 땅을 차지하려 하였다. 신라는 당나라를 몰아내기 위해 8년 동안 치열하게 싸워 (　　　　)과 (　　　　)에서 큰 승리를 거두고 삼국통일을 완성하였다.(676년)

● 교훈: 백제와 고구려를 없애기 위해 힘을 합친 신라와 당나라는 고구려가 멸망하자 곧바로 전쟁을 시작했습니다. 나라와 나라 사이는 이익을 위해서라면 힘을 합쳤던 나라와 전쟁을 벌일 정도로 냉정하답니다.

삼국의 전성기와 통일, 남북국시대 - 키워드 쓰기

삼국의 전성기

1. 신라, 고구려, 백제는 왕의 힘이 세지고(왕권강화) 작은 나라들을 차지하면서 나라의 힘이 강해졌습니다. 나라의 힘이 가장 강했던 시기를 전성기라고 부릅니다.
2. 삼국의 전성기는 4세기 백제, 5세기 고구려, 6세기 신라순으로 이어집니다. 전성기는 (   )을 차지했던 순서대로 이어졌는데 강과 바다를 통해서 많은 물건을 옮기는 데 유리했기 때문이죠. 또 농사를 많이 지었던 곳이라 식량도 많이 얻을 수 있었습니다.
3. 백제는 (   )(재위:346~375), 고구려는 (   )(재위:413~490), 신라는 (   )(재위:540~576) 때 전성기를 맞이합니다.

삼국통일

1. 6세기 신라가 서울지역을 차지하자 백제는 고구려와 손을 잡고 신라를 공격했습니다. 백제의 의자왕은 신라의 40여개성을 빼앗았습니다. 다급해진 신라는 (   )와 손을 잡고, 660년 (   )를, 668년 (   )를 차례대로 멸망시켰습니다.
2. 신라와 당나라의 공격에 위기에 몰린 백제는 군대를 보내 치열하게 싸웠습니다. (   )은 (   )에서 오천명의 군사를 이끌고 오만명의 신라군을 4번이나 막아냈습니다. 그러자 신라의 화랑 반굴과 관창이 백제군에 뛰어들어 목숨을 던지며 싸웠습니다. 이것을 보고 용기를 낸 신라군이 백제군을 공격하자 결국 패하고 말았습니다.
3. 백제와 신라가 사라지자 당나라는 신라를 배신하고 삼국의 모든 땅을 차지하려 하였습니다. 신라는 당나라를 몰아내기 위해 8년 동안 치열하게 싸워 (   )과 (   )에서 큰 승리를 거두고 삼국통일을 완성하였습니다.(676년)

남북국시대

1. 고구려, 백제를 없애고 당나라를 몰아낸 신라를 통일신라라고 부릅니다. 통일신라에서 유명한 위인과 문화재는 다음과 같습니다.
   위인- (   ) 문화재- (   )
2. 고구려 멸망 후 당나라에 맞서 나라를 되찾으려는 사람들이 나타났습니다. 그 중에서 대조영의 활약으로 (   )가 세워졌습니다.(698년) 발해는 동쪽의 융성한 나라라는 뜻인 해동성국이라 불렸습니다.
3. 남쪽과 북쪽에 통일신라와 발해가 있었던 200여년간의 시대를 (   )라고 부릅니다.

중국과 당당히 맞선 고구려

1. 수나라는 여러 나라로 나누어졌던 중국을 하나로 통일했습니다. 수나라는 고구려를 차지하기 위해 113만 명의 군대를 보냈습니다. 훌륭한 장군인 을지문덕 장군은 고구려 군대를 이끌고 수나라 군대를 물리쳤습니다. 을지문덕 장군이 30만 대군을 크게 이긴 살수대첩(612년)이 유명합니다.
2. 고구려와 전쟁 후 수나라는 멸망하고 당나라가 세워졌습니다. 당나라의 황제 태종은 고구려에 쳐들어 왔지만 양만춘 장군이 지키는 안시성을 차지하지 못하고 돌아갔습니다(645년).
3. 고구려는 수나라와 당나라를 막기 위해 많은 곳에 성을 쌓았습니다. 고구려의 성은 매우 튼튼하여 수나라와 당나라의 공격을 여러 번 막아냈습니다.

◎ 수나라와 당나라의 침입을 막아낸 장군과 전투를 바르게 적어보세요.

수나라의 침입을 막아낸 장군

30만명의 수나라군대를 청천강에서 크게 이긴 전투. 수나라군대는 2,700여명만 살아서 돌아감.

당나라의 공격을 안시성에서 막아낸 장군

당나라군이 60여일간 공격했으나 차지하지 못한 성

★ 대첩: 다른 나라를 크게 이긴 싸움을 대첩이라고 부릅니다. 보통 싸움이 있었던 곳에 대첩을 붙여서 ~대첩이라고 부릅니다.

삼국시대 사람들의 생활과 문화재

1. 삼국시대는 부모님이 누구냐에 따라 차별을 하는 신분제도가 있었습니다. 신분제도는 크게 왕족-귀족-평민-천민으로 이루어졌습니다.
2. 삼국시대 사람들의 생활을 글로 쓴 것은 별로 남아있지 않습니다. 그래서 사용했던 물건으로 사람들이 어떻게 살았는지 짐작하고 있습니다. 특히 무덤에서 나온 물건이 많습니다. 삼국시대의 무덤 중에서 도둑들이 파헤치지 않은 상태로 발견된 백제의 무령왕릉이 가장 유명합니다.
3. 삼국의 대표적인 문화재로는 신라의 금관, 고구려의 광개토대왕릉비, 백제의 금동대향로를 꼽을 수 있습니다.

◎ 삼국시대 사람들의 생활과 문화재를 나타낸 단어를 쓰고 알맞은 그림을 붙여주세요.

★ 삼국시대의 신분제도 중 가장 많이 알려진것은 신라의 골품제도입니다. 말그대로 뼈에도 품질이 있다는 말입니다. 부모가 둘다 왕족인 성골, 한명만 왕족인 진골 아래로 6두품, 4두품 등이 있어 엄격하게 차별을 했습니다.
★ 왕과 왕비의 무덤 중 무덤 주인이 밝혀진 무덤은 '릉'으로 부르고, 주인이 밝혀지지 않은 무덤은 '총'으로 부릅니다.

삼국시대 사람들의 생활과 문화재 - 그림찾기

삼국시대 사람들의 생활과 문화재와 관련된 단어와 그림을 바르게 이어보세요.

신분제도 •

•

무령왕릉 •

•

신라 금관 •

•

금동대향로 •

•

남북국시대-통일신라와 발해

1. 고구려, 백제를 없애고 당나라를 몰아낸 신라를 통일신라라고 부릅니다. 통일신라에서 유명한 위인과 문화재는 다음과 같습니다.
   - 위인 - 장보고, 최치원   · 문화재 - 불국사와 석굴암
2. 고구려가 망한 후 당나라에 맞서 나라를 되찾으려는 사람들이 나타났습니다. 그 중에서 대조영의 활약으로 발해가 세워졌습니다.(698년) 발해는 동쪽의 융성한 나라라는 뜻인 해동성국이라 불렸습니다.
3. 남북으로 통일신라와 발해가 있었던 200여년간의 시대를 남북국시대라고 부릅니다.

◎ 통일신라, 발해와 관련된 내용을 바르게 적어보세요.

발해를 세운 사람

통일신라의 유명한 문화재 2가지

청해진을 세워(828년) 해적을 없애고 상인을 보호한 장군

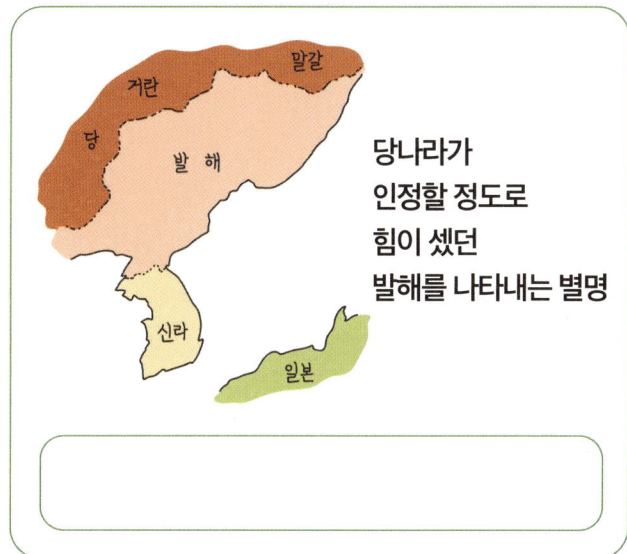

당나라가 인정할 정도로 힘이 셌던 발해를 나타내는 별명

★ 융성: 힘차게 일어나거나 크게 발전함.
★ 해적: 바다에서 나타나 재산을 빼앗고 사람을 잡아가는 사람들을 말합니다. 통일신라시대에는 일본에서 온 해적이 사람들을 많이 괴롭혔습니다.

통일신라와 발해와 관련된 내용과 그림을 바르게 이어보세요.

- 불국사와 석굴암 •
- 대조영 •
- 장보고 •
- 해동성국 •

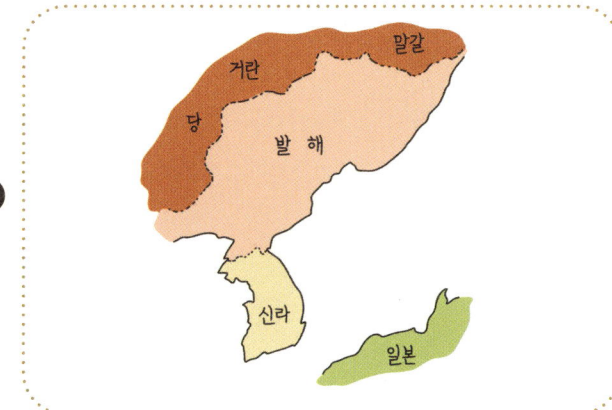

고려시대는 어떤 시대일까요?

1. 삼국통일 후 신라는 오랜 시간 평화를 누렸지만 점점 혼란스러워졌습니다. 그러자 지방에서 힘센 사람들인 호족이 성장하면서 견훤과 궁예가 나라를 세웠습니다. 개성의 호족 왕건은 궁예를 몰아내고 고려를 세웠습니다. (918년) 왕건은 견훤을 물리치고 신라의 항복을 받아냈습니다. (936년)

2. 고려는 네 번째 왕 광종이 많은 노비를 풀어주고(노비안검법, 956년), 시험을 통해 자신에게 충성하는 신하를 뽑으면서 왕이 힘이 세지고(과거제도, 958년) 호족들의 힘이 약해졌습니다.

3. 고려사람들은 대부분 불교를 믿었고, 나라에서도 불교를 보호했습니다.

4. 고려는 거란이 여러 차례 쳐들어오자 용감하게 싸워 물리쳤습니다. (강감찬, 귀주대첩) 나중에 13세기에 세계에서 가장 강했던 몽골이 쳐들어오자 40년 동안 싸웠습니다. 오랜 싸움에 지친 고려는 몽골과 화해하였고 약 100년간 몽골이 여러 가지로 참견을 하였습니다.

5. 고려는 다른 나라 사람들이 활발하게 오고 가며 물건을 거래해서 이름이 세계 여러 곳에 알려졌습니다. 우리나라의 영어 이름인 코리아가 여기에서 비롯되었습니다.

★ 혼란: 어지럽고 뒤죽박죽인 상태

고려시대는 어떤 시대일까요? - 그림 붙이기

◎ 고려시대에 대한 단어를 쓰고 알맞은 그림을 붙여주세요.

고려시대는 어떤 시대일까요? - 그림 찾기

고려시대에 대한 단어와 그림을 바르게 이어보세요.

- 호족 •
- 과거제도 •
- 불교 •
- 귀주대첩 •

•

•

•

•

고려의 건국

1. 삼국통일 후 신라는 오래 시간 평화를 누렸습니다. 그러나 왕이 되고 싶은 귀족들의 싸움과 엄격한 신분제도에 대한 불만 때문에 혼란에 빠졌습니다.
2. 지방에서 힘센 사람들인 **호족**이 나타나면서 백제의 부활을 외치는 **견훤**과 고구려의 부활을 외치는 **궁예**가 나라를 세웠습니다. 이를 후삼국시대라고 부릅니다.
3. 개성의 호족 **왕건**은 궁예의 신하로 활약했습니다. 나중에 궁예가 많은 신하들을 죽이자 궁예를 몰아내고 고려를 세웠습니다.(918년) 왕건은 견훤과 치열하게 싸운 끝에 후백제를 차지하고 신라의 항복을 받아내 후삼국을 통일했습니다.(936년)

◎ 고려 건국과 관련된 이름을 쓰고 그림을 바르게 붙여보세요.

★ 부활: 다시 살아나는 것 ● 교훈: 나라가 어지러워지는 원인은 다양합니다. 안으로는 어리석은 왕이 다스리거나 백성을 괴롭히는 관리와 귀족이 많아지면 나라의 힘이 약해집니다. 밖으로는 다른 나라가 쳐들어오면 많은 사람이 죽고 농사를 제대로 지을 수 없어 사람들이 살기 어려워집니다.

고려의 건국 - 그림찾기

고려의 건국과 관련된 그림을 바르게 이어보세요.

호족 ● ●
견훤 / 완산주(전주) / 후백제

견훤 ● ●
혼란스러운 신라... 새 나라를 만들어야겠어 / 호족 / 신라

궁예 ● ●
나의~ 고려 / 왕건 / 고려

왕건 ● ●
궁예 / 송악(개성) / 후고구려

고려의 발전

1. 고려는 네 번째 왕 광종이 등장하면서 왕의 힘이 강해졌습니다. 광종이 많은 노비를 풀어주고(노비안검법, 956년), 자신에게 충성하는 신하를 뽑자(과거제도, 958년) 호족들의 힘이 약해졌습니다.
2. 여섯 번째 왕 성종은 최승로의 의견(시무28조)을 받아들여 유교에 기반을 둔 정책을 펼쳤습니다. 또 전국에 12목을 설치하여(983년) 지방에 관리를 보냈습니다. 덕분에 정부가 지방을 이전보다 강하게 다스릴 수 있게 되었습니다.

◎ 광종과 성종에 관련된 내용을 바르게 연결해보세요.

과거제도 ●

유교 ●

12목 ●

노비안검법 ●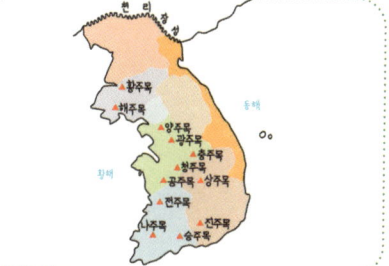

★ 노비: 자유를 잃고 다른 사람에 속해서 일을 하는 사람입니다. 다른 말로 노예, 종이라고 부릅니다.
★ 유교: 중국의 공자에게서 비롯된 종교이자 학문입니다. 남을 배려하는 마음(인)과 존중하는 태도(예)를 중요하게 생각합니다. 아울러 왕에게 충성하고 부모님에게 효도를 해야 한다고 가르칩니다.

고려의 사회

1. 고려는 **귀족, 중류층, 양민, 천민**으로 신분이 나누어졌습니다.
2. 귀족은 대를 이어서 높은 벼슬을 독차지하면서 문벌귀족으로 불렸습니다.
3. 문신들의 차별대우에 분노한 무신들이 난을 일으켜 문신들을 죽이고 100여년 간 고려를 다스렸습니다. (1170년 **무신의 난**)
4. 고려사람들은 대부분 **불교를** 믿었고 나라에서도 보호했습니다.
5. 고려시대는 부모가 재산을 나눠줄 때 아들과 딸에게 공평하게 나눠주고, 제사도 자녀들이 돌아가면서 지내는 등 조선시대보다 남자와 여자가 평등한 사회였습니다.

◎ 고려의 사회모습과 관련된 단어를 바르게 쓰고 그림을 붙여보세요.

☐	
왕족, 5품 이상 관리	
☐	
낮은 관리, 향리(지방관리)	
☐	
농민, 상인, 수공업자, 향, 소, 부곡민(신분이 낮은 사람들이 모여 살던 마을입니다. 향과 부곡은 주로 농사를 지었고 소는 주로 물건을 만들었습니다.)	
☐	
노비	

★ 문신과 무신: 문신은 뛰어난 학문을 가진 사람을 뽑는 시험에 합격한 사람입니다. 무신은 뛰어난 무술실력과 군사를 지휘하는 능력을 가진 사람을 뽑는 시험에 합격한 사람입니다.

고려의 사회와 문화 - 그림찾기

힘센 나라와 맞선 고려의 힘겨운 싸움

1. 993년 중국 북쪽의 강한 나라로 등장한 거란이 쳐들어 왔습니다. 첫 번째 싸움은 서희 장군의 활약으로 거란은 되돌아갔으나 나중에 두차례 더 쳐들어왔습니다. 거란이 수도 개경(지금의 개성)을 차지할 정도로 위기를 맞기도 했지만 1019년 강감찬 장군의 활약으로 귀주에서 큰 승리를 거뒀습니다.(귀주대첩) 덕분에 약 130년 동안 고려는 평화를 누릴 수 있었습니다.
2. 몽골은 13세기에 세계에서 가장 강한 나라였습니다. 몽골이 고려에 보냈던 사신이 죽었다는 이유로 몽골은 고려에 쳐들어 왔습니다.(1231년) 고려는 수도를 강화도로 옮기고 40년 동안이나 끈질기게 싸웠습니다. 몽골군은 여섯 번이나 쳐들어와서 많은 사람을 죽이고 재산도 빼앗아 갔습니다. 오랜 싸움에 지친 고려는 몽골과 화해했습니다. 그 결과 몽골은 오랫동안 고려를 여러 가지로 괴롭히게 되었습니다.

◎ 거란과 몽골과의 전쟁과 관련된 단어를 쓰고 그림을 바르게 붙여보세요.

★ 사신: 왕이나 나라의 명령을 받고 다른 나라에 보내는 신하

힘센 나라와 맞선 고려의 힘겨운 싸움 - 그림찾기

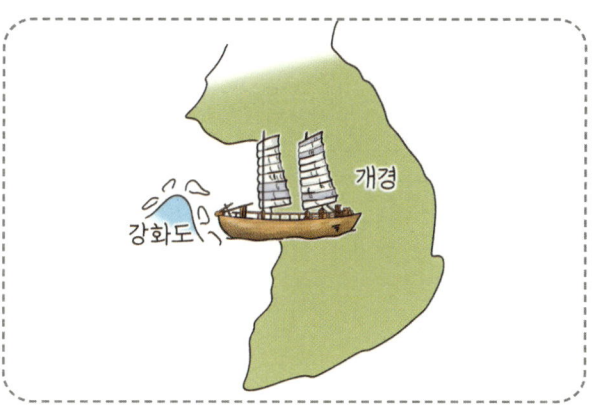

외세에 맞선 고려의 싸움과 관련된 그림을 바르게 이어보세요.

귀주대첩 •

•

거란 •

•

몽골 •

•

강화도 •

•

고려시대 역사신문

날짜 :

만든이 :

몽골과의 싸움에 대한 역사신문을 완성해 보세요

몽골이 고려에 쳐들어오다!

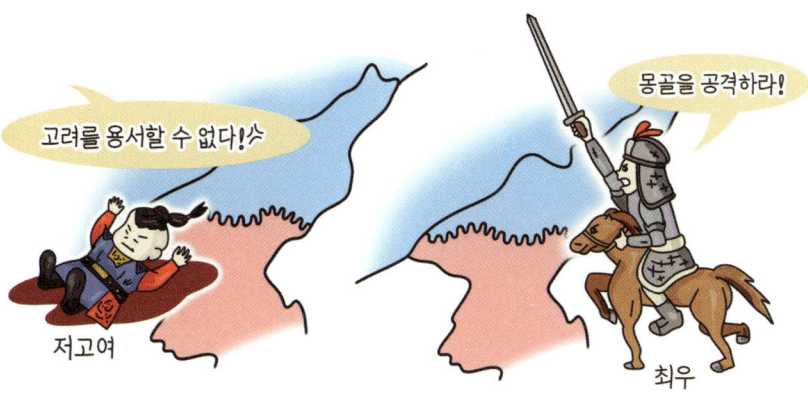

13세기에 몽골은 세계에서 가장 힘세고 넓은 나라였다. 몽골은 사신 '저고여'의 죽음을 이유로 고려에 쳐들어왔다.(1231년) 고려를 다스리던 최우는 수도를 (　　　)로 옮기고 싸움을 계속하였다. 고려는 몽골의 침입을 여러 차례 물리쳤지만 몽골군은 포기하지 않고 여섯 번이나 쳐들어왔다. 오랜 전쟁에 지친 고려는 몽골과 화해했다. 그 결과 몽골은 오랫동안 여러 가지로 고려를 괴롭히게 되었다.

살리타이를 없앤 스님

몽골군은 고려가 수도를 옮기자 '살리타이'를 대장으로 삼아 두 번째 전쟁을 일으켰다.(1232년) 처인성(지금의 용인)을 지키던 (　　　)는 살리타이를 활로 쏘아 죽었다. 이끌던 장군이 죽자 몽골군은 싸울 의욕을 잃고 몽골로 돌아갔다.

몽골에 끝까지 저항한 사람들

몽골과 가장 열심히 싸웠던 군대는 (　　　)였다. 삼별초는 몽골의 요구대로 수도를 다시 개경(지금의 개성)으로 옮기는 것을 반대하여 반란을 일으켰다. 처음에는 여러 차례 승리를 거두고 서해와 남해의 많은 섬들을 차지했다. 그러나 몽골과 고려정부가 계속 공격하자 힘이 약해졌다. 삼별초는 진도에서 제주도로 옮기며 치열하게 싸웠지만 제주도에서 크게 패하며 4년 만에 사라지고 말았다.(1273년)

★ 반란: 무기를 들고 일어나 정부와 싸우는 것

고려의 혼란과 멸망

1. 원(몽골)과의 전쟁 이후 고려에는 원나라에 빌붙어 백성을 괴롭히는 사람들(권문세족)이 나타났습니다. 이들은 백성의 땅을 빼앗고 노비로 만들었습니다. 세금을 낼 백성이 줄어들자 고려 정부는 계속 어려움을 겪게 되었습니다.
2. 공민왕은 원나라에서 벗어나기 위해 노력했습니다. 원나라에 빌붙었던 귀족들을 쫓아내고 원나라가 빼앗은 땅을 되찾았습니다.
3. 불교를 비판하고 유교를 받드는 나라를 세우려는 신진사대부가 등장했습니다.
4. 왜구가 계속 쳐들어와서 사람을 죽이고 물건도 빼앗아 갔습니다. 최무선은 화약을 발명하여 진포에서 왜구의 배 수백척을 불태웠습니다.
5. 신진사대부와 여러 싸움에서 활약한 신흥무인세력이 힘을 합쳐 조선을 세웠습니다.

◎ 고려의 혼란과 멸망에 관련된 내용을 바르게 연결해보세요.

- 신진사대부 ●
- 권문세족 ●
- 공민왕 ●
- 최무선, 화약 ●

★ 왜구: 일본에서 쳐들어 온 해적을 말합니다. 고려 말은 예전보다 많은 수의 왜구가 쳐들어와 백성들의 피해가 정말 심했습니다.
★ 원나라: 중국을 차지하면서 몽골은 나라이름을 원으로 바꿨습니다.

고려의 대표적인 유물

◎ 고려의 대표적인 유물의 이름과 설명을 읽고 그림을 바르게 붙여보세요.

고려청자

'상감기법'이라는 방법으로 만든 도자기입니다. 아름다운 색과 그림으로 중국에서도 최고의 도자기로 인정했습니다.

팔만대장경

부처님의 말씀을 새겨 놓은 나무판을 대장경이라고 부릅니다. 몽골의 침략을 부처님의 힘으로 이겨내려는 마음으로 만들었습니다.

직지심체요절

세계에서 금속활자로 만든 책 중에서 가장 오래된 책입니다.
금속활자는 금속으로 만든 활자를 조립하여 글자를 만들고 먹물을 발라서 찍어내는 인쇄방법입니다.

★ 유물: 조상님이 사용하던 물건

고려의 대표적인 유물 - 그림찾기

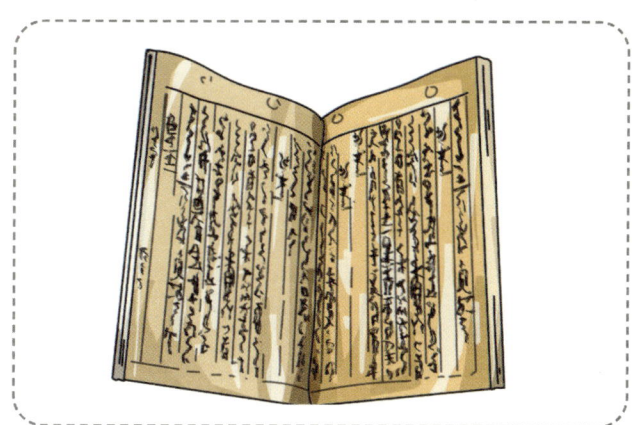

고려의 대표적인 유물과 관련된 그림을 바르게 이어보세요.

고려청자 ●

●

팔만대장경 ●

●

직지심체요절 ●

●

고려의 건국과 발전 및 사회 - 키워드 쓰기

고려의 건국과 발전 및 사회

1. 삼국통일 후 신라는 오랜 시간 평화를 누렸습니다. 그러나 왕이 되고 싶은 귀족들의 싸움과 엄격한 신분제도에 대한 불만 때문에 혼란에 빠졌습니다.
2. 지방에서 힘센 사람들인 (   )이 성장하면서 백제의 부활을 외치는 (   ), 고구려의 부활을 외치는 (   )가 나라를 세웠습니다. 이를 후삼국시대라고 부릅니다.
3. 개성의 호족 (   )은 궁예의 신하로 활약했습니다. 나중에 궁예가 많은 신하들을 죽이자 궁예를 몰아내고 (   )를 세웠습니다.(918년) 왕건은 견훤과 치열하게 싸운 끝에 후백제를 멸망시키고 신라의 항복을 받아내 후삼국을 통일했습니다.(936년)
4. 고려는 네 번째 왕 광종이 등장하면서 왕이 힘이 강해집니다. 광종이 많은 노비를 풀어주고(노비안검법, 956년), 자신에게 충성하는 신하를 뽑자(과거제도, 958년) 호족들의 힘이 약해졌습니다.
5. 여섯 번째 왕 성종은 최승로의 의견(시무28조)을 받아들여 유교에 기반을 둔 정책을 펼쳤습니다. 또 전국에 12목을 설치하여(983년) 지방에 관리를 보냈습니다. 덕분에 정부가 지방을 이전보다 강하게 다스릴 수 있게 되었습니다.
6. 고려는 (   ), (   ), (   ), (   )으로 신분이 나누어졌습니다.
7. 귀족은 대를 이어서 높은 벼슬을 독차지하면서 (   )으로 불렸습니다.
8. 문신들의 차별대우에 분노한 무신들이 난을 일으켜 문신들을 죽이고 100여년 간 고려를 다스렸습니다. (1170년 (   ))
9. 고려사람들은 대부분 (   )를 믿었고 나라에서도 보호했습니다.
10. 고려시대에는 부모가 재산을 나눠줄 때 아들과 딸에게 공평하게 나눠주고, 제사도 자녀들이 돌아가면서 지내는 등 조선시대보다 남자와 여자가 (   )한 사회였습니다.

외세에 맞선 고려의 힘겨운 싸움, 고려의 혼란과 멸망

힘센 나라들에 맞선 고려의 힘겨운 싸움

1. 993년 중국 북쪽의 강한 나라로 등장한 (   )이 쳐들어 왔습니다. 첫 번째 싸움은 서희 장군의 활약으로 거란은 되돌아갔으나 나중에 두차례 더 쳐들어왔습니다. 거란이 수도 개경(지금의 개성)을 차지할 정도로 위기를 맞기도 하지만 1019년 (   )장군의 활약으로 귀주에서 큰 승리를 거뒀습니다.(귀주대첩) 덕분에 약 130년 동안 고려는 평화를 누릴 수 있었습니다.

2. 13세기에 세계에서 가장 강한 나라였던 몽골이 고려에 보냈던 사신의 죽음을 이유로 쳐들어 왔습니다.(1231년) 고려는 수도를 (   )로 옮기고 40년 동안이나 끈질기게 싸웠습니다. 몽골군은 여섯 차례에 걸쳐 쳐들어와서 많은 사람을 죽이고 재산도 빼앗아 갔습니다. 오랜 싸움에 지친 고려는 몽골과 화해했습니다. 그 결과 몽골은 오랫동안 고려를 여러 가지로 괴롭히게 되었습니다.

고려의 혼란과 멸망

1. 원(몽골)과의 전쟁 이후 고려에는 원나라에 빌붙어 백성을 괴롭힌 (   )이 나타났습니다. 이들은 백성의 땅을 빼앗고 노비로 만들었습니다. 세금을 낼 백성이 줄어들자 고려 정부는 계속 어려움을 겪게 되었습니다.

2. (   )은 원나라에서 벗어나기 위해 노력했습니다. 원나라에 빌붙었던 귀족들을 쫓아내고 원나라가 빼앗은 땅을 되찾았습니다.

3. 불교를 비판하고 유교를 받드는 나라를 세우려는 (   )가 등장했습니다.

4. 왜구가 계속 쳐들어와서 사람을 죽이고 물건도 빼앗아 갔습니다. (   )은 (   )을 발명하여 진포에서 왜구의 배 수백척을 불태웠습니다.

5. 신진사대부와 외적을 물리친 (   )이 힘을 합쳐 조선을 세웠습니다.

★ 외적: 나라 밖에서 쳐들어온 무리나 나라

조선시대

조선시대는 어떤 시대일까요?

1. 고려가 혼란에 빠지자 홍건적과 왜구를 물리친 장군 **이성계**는 성리학을 공부한 관리들(신진사대부)과 외적을 물리친 장군들(신흥무인세력)과 힘을 합쳐 조선을 세웠습니다. (1392년)

2. 조선은 **유학**을 받든 나라로 절을 허물거나 스님들을 괴롭혔습니다.

3. 조선은 태어나면서 사회에서 높고 낮음이 정해진 **신분제사회**였습니다. 조선은 크게 양인과 천인으로 나누어졌습니다. 양인과 천인은 다시 양반-중인-상민-천민으로 신분이 나누어 졌습니다.

4. 조선의 네 번째 왕 **세종대왕**은 우리 역사에서 가장 위대한 왕으로 불립니다. 세종대왕은 한글을 만들고 과학기술을 발전시켰으며 북쪽으로 땅을 넓히는 등 훌륭한 업적을 많이 남겼습니다.

5. 일본이 쳐들어와 7년 동안 많은 사람이 죽고 다쳤습니다. (1592년, **임진왜란**) 처음에는 일본군에게 계속 패했지만 이순신 장군과 같은 훌륭한 장군들과 의병의 활약, 명나라의 도움으로 일본군을 몰아낼 수 있었습니다.

6. 1863년, 고종이 왕이 되면서 어지러운 나라를 바꾸기 위해 흥선대원군과 고종, 여러 신하들이 노력을 했지만 성공하지 못했습니다. (갑오개혁, 광무개혁) 백성들도 나라를 바꾸기 위해 일어났지만 실패하고 말았습니다. **(동학농민운동)**

★ 유학: 중국에서 만들어진 학문으로 공자에 의해 시작되었습니다. 부모님께 효도하고 나라에 충성하는 것을 중요하게 생각합니다.

조선시대는 어떤 시대일까요? - 그림 붙이기

◎ 조선시대에 대한 단어를 쓰고 알맞은 그림을 붙여주세요.

조선시대는 어떤 시대일까요? - 그림 찾기

조선시대에 대한 단어와 그림을 바르게 이어보세요.

이성계 ● ●

유학 ● ●

신분제사회 ● ●

세종대왕 ● ●

임진왜란 ● ●

동학농민운동 ● ●

조선의 건국

1. 공민왕은 원나라에서 벗어나기 위해 노력했지만 왕비가 죽자 슬픔에 빠져서 몇 년 후 세상을 떠났습니다. 그 후 권문세족이 백성의 땅을 빼앗고 불교의 많은 스님들도 재산을 늘리기 위해 백성을 괴롭혔습니다. 게다가 여러 외적이 쳐들어오자 고려는 위기에 빠졌습니다.
2. 홍건적과 왜구를 물리친 장군 **이성계**는 **정도전**과 함께 고려를 무너뜨리고 조선을 세웠습니다.
3. 이성계를 도와 조선을 세운 사람은 성리학을 공부한 관리들(신진사대부)과 외적을 물리친 장군들(신흥무인세력)입니다.
4. 고려의 유명한 장군 **최영**과 문신 **정몽주**는 고려를 지키기 위해 노력했습니다. 그러나 이성계를 따르는 사람들에게 죽임을 당하고 말았습니다.

◎ 조선의 건국과 관련된 사람들의 이름을 쓰고 그림을 바르게 붙여보세요.

★ 불교는 고려에서 가장 많은 사람이 믿었던 종교였습니다. 세월이 지나면서 불교는 타락하여 많은 절에서 백성들에게 땅을 빌려주고 많은 곡식을 받았습니다. 또 백성들에게 곡식을 빌려주고 이자를 많이 받아서 백성들을 힘들게 했습니다.

조선의 건국 - 그림찾기

조선 건국 (1392년)
조선 제 1대 왕

고려의 장군
왜구를 쫓아내라!

고려의 문신
선죽교

이성계를 왕으로 하는 새나라를 세워야합니다!

조선의 건국과 관련된 인물과 그림을 바르게 이어보세요.

이성계 ●	● 이성계를 왕으로 하는 새나라를 세워야합니다! 
정도전 ●	● 조선 건국 (1392년) / 조선 제1대 왕
최영 ●	● 고려의 문신 / 선죽교 
정몽주 ●	● 고려의 장군 / 왜구를 쫓아내라! 

조선의 발전

1. 이성계(태조)는 수도를 개성에서 한양(지금의 서울)으로 옮겼습니다.
2. 태조의 아들 이방원(태종)은 왕이 되기 위해 왕자의 난을 일으켜 형제들을 없앴습니다. 태종은 왕이 되는 데 큰 도움을 주었던 왕비의 가족들을 몰아내고 신하들을 억눌렀습니다. 이를 통해 태종은 강한 힘을 가진 왕이 되었습니다.
3. 네 번째 왕 세종은 한글을 만들었습니다. 장영실을 통해 과학기술을 발전시키고 북쪽으로 땅을 넓히는(4군 6진 설치) 등 많은 업적을 남겨 우리 역사에서 가장 위대한 왕이 되었습니다.
4. 아홉 번 째 왕 성종은 정치, 경제, 사회, 문화에 대한 규칙을 담은 경국대전을 펴냈습니다. 경국대전을 통해 조선은 유교를 바탕으로 만든 법이 다스리는 나라가 되었습니다. (1485년)

◎ 조선의 발전과 관련된 이름을 쓰고 그림을 바르게 붙여보세요.

- 교훈: 왕자의 난에서 태종은 왕의 자리를 놓고 다투는 형제들을 죽였습니다. 역사에서는 왕이 되기 위해 아버지와 아들, 형과 동생이 서로를 해치는 경우가 종종 있었습니다. 그만큼 권력에 대한 욕심은 정말 무서운 것이지요.

조선의 발전 - 그림찾기

조선의 기본 법전

조선의 발전과 관련된 단어와 그림을 바르게 이어보세요.

한양 ●　　●

태종 ●　　●

세종 ●　　●

경국대전 ●　　●

조선의 건국과 발전 - 키워드 쓰기

조선의 건국

1. 공민왕은 원나라에서 벗어나기 위해 노력했지만 왕비가 죽자 슬픔에 빠져서 몇 년 후 세상을 떠났습니다. 그 후 권문세족이 백성의 땅을 빼앗고 불교의 많은 스님들도 재산을 늘리기 위해 백성을 괴롭혔습니다. 게다가 여러 외적이 쳐들어오자 고려는 위기에 빠졌습니다.
2. 홍건적과 왜구를 물리친 장군 (　　　)는 (　　　)과 함께 고려를 무너뜨리고 조선을 세웠습니다.
3. 이성계를 도와 조선을 세운 사람은 성리학을 공부한 관리들(신진사대부)과 외적을 물리친 장군들(신흥무인세력)입니다.
4. 고려의 유명한 장군 (　　　)과 문신 (　　　)는 고려를 지키기 위해 노력했습니다. 그러나 이성계와 그를 따르는 사람들에게 죽임을 당하고 말았습니다.

조선의 발전

1. 이성계(태조)는 수도를 개성에서 (　　　)(지금의 서울)으로 옮겼습니다.
2. 태조의 아들 이방원(　　　)은 왕이 되기 위해 왕자의 난을 일으켜 형제들을 없앴습니다. 태종은 왕이 되는데 큰 도움을 주었던 왕비의 가족들을 몰아내고 신하들을 억눌렀습니다. 이를 통해 태종은 강한 힘을 가진 왕이 되었습니다.
3. 네 번째 왕 (　　　)은 한글을 만들었습니다. 장영실을 통해 과학기술을 발전시키고 북쪽으로 땅을 넓히는(4군 6진 설치) 등 많은 업적을 남겨 우리 역사에서 가장 위대한 왕이 되었습니다.
4. 아홉 번 째 왕 성종은 정치, 경제, 사회, 문화에 대한 규칙을 담은 (　　　)을 펴냈습니다. 경국대전을 통해 조선은 유교를 바탕으로 만든 법이 다스리는 나라가 되었습니다. (1485년)

세종대왕의 업적

◎ 조선의 네 번째 왕 세종대왕(재위: 1418~1450년)은 우리 역사에서 가장 위대한 왕으로 불립니다. 세종대왕이 했던 훌륭한 일들을 읽어보고 알맞은 그림을 붙여보세요.

한글을 만들었습니다.
어려운 한자를 대신하여 백성이 읽고 쓰기 쉬운 글자를 만들었습니다. 1443년, 한글을 훈민정음이라는 이름으로 발표했습니다.

과학기술이 발달했습니다.
노비였던 장영실에게 벼슬을 내려 내린 비의 양을 재는 도구(측우기), 해시계(앙구일부), 물시계(자격루), 천문기구(혼천의) 등이 만들어졌습니다.

북쪽으로 땅을 넓혔습니다.
북쪽의 여진족을 몰아내고 4군6진을 설치했습니다. 그 결과 조선의 땅이 두만강과 압록강까지 넓어졌습니다.

★ 업적: 어떤 사람이 했던 훌륭한 일
★ 4군6진: 북쪽의 여진족을 몰아내고 군대를 보내 지킨 곳입니다. 4군은 평안도 지역에, 6진은 함경도 지역에 설치했습니다.

세종대왕의 업적 - 그림찾기

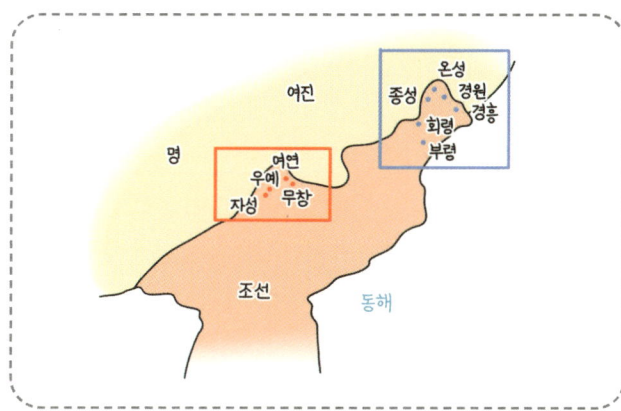

조선의 신분제도

1. 조선은 태어나면서 신분이 정해진 신분제사회였습니다. 조선은 크게 양인과 천인으로 나눠졌습니다. 양인과 천인은 다시 양반-중인-상민-천민으로 신분이 나눠졌습니다.
2. ◎ **양반** - 벼슬에 올라 나라를 다스리는 사람들
   ◎ **중인** - 의관(의사)이나 통역관 등 전문직
   ◎ **상인** - 농업, 상업, 어업, 수공업
   ◎ **천민** - 백정, 무당, 기생, 광대

◎ 조선의 여러 신분의 이름을 쓰고 그림을 바르게 붙여보세요.

★ 통역관: 서로 다른 나라의 사람들이 이야기할 수 있도록 중간에서 말의 뜻을 알려주는 사람입니다.
● 교훈: 신분제사회는 태어날 때부터 사회적 위치의 높고 낮음이 정해져 있는 사회입니다. 뛰어난 능력을 가지고 있어도 낮은 신분 때문에 꿈을 펼칠 수 없다면 너무 억울하겠죠? 하지만 낮은 신분을 이겨내고 훌륭한 업적을 남긴 사람도 많답니다.

조선의 신분제도 - 그림찾기

조선의 신분제도와 관련된 단어와 그림을 바르게 이어보세요.

양반 •

중인 •

상민 •

천민 •

일본, 청나라와 싸운 조선

1. **임진왜란:** 조선정부는 오랜 시간 평화를 누리자 나라를 지키는 것을 게을리 했습니다. 그러자 나눠져 있던 일본을 하나로 합친 토요토미 히데요시가 쳐들어 왔습니다. (1592년)
2. 처음에는 새로운 무기인 조총을 앞세운 일본이 수도 한양을 차지했습니다. 하지만 **이순신**과 같은 훌륭한 장군과 **의병**의 활약, 명나라의 도움으로 일본을 몰아냈습니다.(1598년)
3. 이순신 장군은 수군을 이끌고 일본군을 여러 번 물리쳤습니다. 그러나 왕의 의심을 받아 장군 자리에서 쫓겨나기도 했습니다. 그 후 다시 조선 수군을 이끌고 명량해전에서 일본군을 크게 물리쳤고, 마지막 노량해전에서 목숨을 잃었습니다.
4. **병자호란:** 조선은 임진왜란 이후 새롭게 나타난 후금(청)의 공격을 제대로 막지 못했습니다. 조선의 왕 인조는 청나라 황제 앞에서 아홉 번 절하며 항복하는 부끄러움을 당했습니다.

◎ 일본, 청나라와의 전쟁과 관련된 단어를 쓰고 그림을 바르게 붙여보세요.

★ **의병:** 정식 군대는 아니지만 외적을 몰아내기 위해 스스로 일어난 사람들
● **교훈:** 오랜 시간 전쟁이 없으면 정부와 국민들이 마음이 풀어져 전쟁을 대비하는 마음이 약해집니다. 전쟁이 일어나면 수많은 사람이 죽고 다치기 때문에 늘 전쟁을 대비하는 태도를 갖춰야 합니다.

일본, 청나라와 싸운 조선 - 그림찾기

 임진왜란, 병자호란과 관련된 단어와 그림을 바르게 이어보세요.

임진왜란 ●   ●

이순신 ●   ●

의병 ●   ●

병자호란 ●   ●

조선시대 역사신문

날짜 :

만든이 :

이순신 장군에 대한 역사신문을 완성해 보세요

스물세번 싸워 모두 이긴 (　　　) 장군!

OOO 장군(1545~1598년)은 임진왜란에서 크게 활약한 장군이다. OOO 장군은 1592년 옥포해전을 시작으로 1598년 노량해전까지 23차례 전투에서 모두 승리하였다. OOO 장군의 활약으로 바닷길이 막힌 일본군은 식량과 군사를 제대로 받지 못했다. 또한 조선에서 식량을 많이 생산하는 전라도를 지킬 수 있었다. OOO 장군이 임진왜란 기간 꾸준히 쓴 난중일기는 장군과 임진왜란에 대한 귀중한 자료로 쓰이고 있다.

살고자 하면 죽을 것이요 죽고자 하면 살 것이다!

격파하라!

일본 수군이 무서워 한 (　　　)

이순신 장군은 임진왜란에서 OOO을 만들어 사용하였다. OOO는 거북모양의 배로 윗부분을 판자로 덮은 뒤 칼과 못을 박았다. 그래서 일본군이 배에 함부로 올라오지 못했다. OOO은 여러 대의 대포를 쏘면서도 노를 저어 재빨리 방향을 바꿀 수 있었다. 전투에서는 대포를 쏘고 일본배에 부딪혀 바다 속에 가라앉게 했다.

이순신 장군, 명량에서 기적의 승리를 거두다!

일본 수군을 계속 이기던 이순신 장군은 원균의 거짓말로 장군에서 쫓겨나 일반 군사가 되었다. 원균은 칠천량해전에서 크게 패하여 조선 수군 대부분이 죽고 말았다. 그러나 이순신 장군은 겨우 남은 13척의 배를 이끌고 명량해협에서 기적같은 승리를 거두었다. 이 승리를 (　　　)이라고 부른다.

★ 해전: 바다에서 벌이는 전투
★ 해협: 육지 사이에 끼어 있는 좁고 긴 바다

임진왜란 이후 조선사회의 변화

1. 임진왜란 이후 **농업과 상업의 발달**로 부자가 된 백성이 많아졌습니다. 이들이 돈으로 양반 신분을 사서 양반이 되는 경우가 늘었습니다. 그러자 엄격했던 신분제도가 흔들리기 시작했습니다.
2. 임진왜란 이후 **고추, 담배, 감자, 고구마**가 들어와 백성들의 생활에 도움을 줬습니다. 특히 고구마와 감자는 먹을 것이 부족할 때 큰 도움이 되었습니다.
3. 신하들이 편을 나눠 싸우는 **붕당정치**가 심해졌습니다.
4. 실제 생활과 관련이 적은 성리학을 대신해 백성들의 생활에 도움을 주려는 **실학**이 나타났습니다. 실학자들은 농업이나 상업, 과학기술의 발전을 주장했습니다.

◎ 임진왜란 이후 조선사회의 변화에 관련된 단어를 쓰고 그림을 바르게 붙여보세요.

★ 성리학: 유학의 한 종류로 주로 우주의 질서와 인간의 마음에 대해 공부합니다. 퇴계 이황 선생이나 율곡 이이 선생 모두 유명한 성리학자입니다.

임진왜란 이후 조선사회의 변화 - 그림찾기

임진왜란 이후 조선사회의 변화와 관련된 그림을 바르게 이어보세요.

농업과 상업의 발달 ●

고추, 담배, 고구마 ●

붕당정치 ●

실학 ●

조선의 대표적인 유적들

1. 남대문이라 불리는 **숭례문**은 우리나라 국보 1호입니다.
2. **조선왕릉**은 조선을 다스린 왕들의 무덤으로 세계문화유산이 되었습니다.
3. **수원화성**은 조선의 스물두번째 왕 정조가 쌓은 성입니다. 수원화성은 쳐들어 온 적을 쉽게 막을 수 있는 성으로 세계문화유산이 되었습니다.
4. **창덕궁**은 조선 궁궐 다섯 곳 중 하나입니다. 창덕궁은 정원인 후원이 유명합니다. 일본이 파괴한 다른 궁궐들보다 건물이 많이 남아있어 역시 세계문화유산입니다.

◎ 조선의 대표적인 유적을 쓰고 그림을 바르게 붙여보세요.

★ 유적: 조상들이 남긴 것 중 옮길 수 없을 정도로 큰 것을 말합니다. 건물이 대표적입니다.
★ 조선의 궁궐은 모두 5개였는데 일제 강점기 때 가장 많이 파괴되었습니다. 경복궁의 경우 총독부 건물이 경복궁 안에 들어섰습니다. 1915년, 경복궁에서 조선이 일본의 식민지가 되었음을 기념하는 행사가 열리면서 많은 건물이 사라졌습니다. 창경궁도 많은 건물이 헐리고 동물원이 되기도 하였습니다.

조선의 대표적인 유적들 - 그림찾기

조선의 대표적인 유적들과 관련된 단어와 그림을 바르게 이어보세요.

숭례문 •

•

조선왕릉 •

•

수원 화성 •

•

창덕궁 •

•

조선의 혼란과 멸망

1. 조선은 정조대왕의 죽음 후 왕의 외가(외척)가 나라를 어지럽게 만들었습니다.(세도정치) 그들은 돈을 받고 벼슬을 욕심 많은 사람들에게 팔았습니다. 돈을 내고 벼슬을 산 사람들은 그 돈을 백성들에게 세금을 많이 받아서 채우려고 했습니다.
2. 고종의 아버지 흥선대원군은 세도정치를 하던 안동김씨를 몰아냈습니다. 그리고 나라의 문을 닫는 쇄국정책을 내세워 프랑스, 미국과 전쟁을 벌였습니다. 흥선대원군은 고종의 왕비인 명성왕후와의 다툼 끝에 권력에서 밀려났습니다.
3. 나라에 서양의 사람과 물건이 들어올 수 있게 하자는 사람들과 이를 반대하는 사람들이 계속 싸웠습니다. (개화파와 척화파)
4. 백성들은 나라를 바꾸려고 동학농민운동을 일으켰지만 일본군에 져서 실패했습니다.(1894년)
5. 조선을 차지하기 위해 청나라, 러시아, 일본이 서로 싸웠습니다. 청일전쟁과 러일전쟁에서 이긴 일본이 조선을 차지했습니다.(1910년, 경술국치)

◎ 조선의 혼란과 멸망에 관련된 단어를 쓰고 그림을 바르게 붙여보세요.

★ 동학: 서양의 천주교가 서학이라는 이름으로 세력을 넓히자 이에 맞서기 위해 동학이라는 이름으로 만들어진 종교입니다. '사람이 곧 하늘이다'라는 '인내천' 사상을 주장했습니다. 정부와 관리들의 가혹한 세금에 지친 백성들이 동학에 의지하면서 큰 세력으로 성장했습니다.

★ 쇄국정책: 다른 나라의 사람과 물건이 들어오지 못하게 막는 것

조선의 혼란과 멸망 - 그림찾기

조선의 혼란과 멸망에 관련된 단어와 그림을 바르게 이어보세요.

세도정치 ●

● 우리 가문이 높은 벼슬을 독차지하게 해서 권력을 독점 해야지!

흥선대원군 ●

● 통상 수교 거부 의지를 이 비석으로 널리 알릴 것이오!

동학농민운동 ●

● 일본의 식민지라니 이럴수가…!

경술국치 ●

● 탐관오리를 처벌하라!

외세에 맞선 조선의 싸움, 임진왜란 이후 조선사회, 조선의 멸망 – 키워드 쓰기

외세에 맞선 조선의 싸움

1. (   ): 조선은 오랜 시간 평화를 누리자 나라를 지키는데 별로 신경쓰지 않았습니다. 그러자 나눠져 있던 일본을 하나로 합친 토요토미 히데요시가 쳐들어 왔습니다. (1592년)
2. 처음에는 새로운 무기인 조총을 앞세운 일본이 수도 한양을 차지했습니다. 하지만 (   )과 같은 훌륭한 장군과 (   )의 활약, 명나라의 도움으로 일본을 몰아냈습니다.(1598년)
3. 이순신 장군은 수군을 이끌고 일본군을 여러 번 물리쳤습니다. 그러나 왕의 의심을 받아 장군 자리에서 쫓겨나기도 했습니다. 그 후 다시 조선 수군을 이끌고 명량해전에서 일본군을 크게 물리쳤고, 마지막 노량해전에서 목숨을 잃었습니다.
4. (   ): 조선은 임진왜란 이후 새롭게 나타난 후금(청)의 공격을 제대로 막지 못했습니다. 조선의 왕 인조는 청나라 황제 앞에서 아홉 번 절하며 항복하는 부끄러움을 당했습니다.

임진왜란 이후 조선사회

1. 임진왜란 이후 (   )과 (   )의 발달로 부자가 된 백성이 많아졌습니다. 이들이 돈으로 양반 신분을 사서 양반이 되는 경우가 늘었습니다. 그러자 엄격했던 신분제도가 흔들리기 시작했습니다.
2. 임진왜란 이후 (   ), (   ), (   ), (   )가 들어와 백성들의 생활에 도움을 줬습니다. 특히 고구마와 감자는 먹을 것이 부족할 때 큰 도움이 되었습니다.
3. 신하들이 편을 나눠 싸우는 (   )가 심해졌습니다.
4. 실제 생활과 관련이 적은 성리학을 대신해 백성들의 생활에 도움을 주려는 (   )이 나타났습니다. 실학자들은 농업이나 상업, 과학기술의 발전을 주장했습니다.

조선의 멸망

1. 조선은 정조대왕의 죽음 후 왕의 외가(외척)가 나라를 어지럽혔습니다.(   ) 그들은 돈을 받고 벼슬을 욕심 많은 사람들에게 팔았습니다. 돈을 내고 벼슬을 산 사람들은 그 돈을 백성들에게 세금을 많이 받아서 채우려고 했습니다.
2. 고종의 아버지 (   )은 세도정치를 하던 안동김씨를 몰아냈습니다. 그리고 나라의 문을 닫는 쇄국정책을 내세워 프랑스, 미국과 전쟁을 벌였습니다. 흥선대원군은 고종의 왕비인 명성왕후와의 다툼 끝에 권력에서 밀려났습니다.
3. 나라에 서양의 사람과 물건이 들어올 수 있게 하자는 사람들과 이를 반대하는 사람들이 계속 싸웠습니다. (개화파와 척화파)
4. 백성들은 나라를 바꾸려고 (   )을 일으켰지만 일본군에 져서 실패했습니다.(1894년)
5. 조선을 차지하기 위해 청나라, 러시아, 일본이 서로 싸웠습니다. 청일전쟁과 러일전쟁에서 이긴 일본이 조선을 차지했습니다.(1910년, (   ))

❻ 일제강점기

일제강점기는 어떤 시대일까요?

1. 일제강점기는 일본이 조선을 강제로 차지하고 다스렸던 시기입니다. 일본은 강화도조약(1876년)을 시작으로 조선에 들어와 조선을 차지하기 위해 청나라, 러시아와 다퉜습니다. 청나라와 러시아를 물리친 일본은 1905년 을사조약을 통해 우리나라의 외교권과 군사권을 빼앗았습니다. 이어서 1910년 한일합방조약을 통해 조선을 완전히 차지했습니다.

2. 조선을 차지한 일본은 우리나라 사람들에게 겁을 줘서 독립하려는 생각을 없애려고 하였습니다. (무단통치) 그러자 우리나라 사람들은 일본에서 벗어나기 위해 만세운동을 일으켰습니다. (1919년, 3.1운동) 3.1운동은 일본이 총칼로 억눌러서 많은 사람이 목숨을 잃고 실패했습니다. 그러나 우리나라 사람들이 일본으로 부터 벗어나고 싶어 한다는 사실을 여러 나라에 알렸습니다. 또한 독립운동가들이 힘을 모아 중국에 대한민국 임시정부를 세울 수 있었습니다.

3. 일본은 조선총독부를 세워서 우리나라 사람들을 다스렸습니다. 일본이 우리나라를 다스린 동안 우리나라 사람들은 정치, 경제, 교육 등 모든 면에서 일본사람보다 못한 대우를 받았습니다. 중일전쟁과 2차 세계대전이 일어나자 일본은 우리나라 사람의 이름을 일본식 이름으로 바꾸게 했고(창씨개명), 많은 사람을 전쟁터로 끌고 가서 목숨을 잃게 했습니다.

4. 일본의 지배에서 벗어가기 위해 많은 사람이 노력했습니다. 군대를 이끌고 일본군과 싸운 분들 (김좌진, 홍범도)이 있었고, 일본의 기관이나 높은 사람을 공격한 분들도 있었습니다. (김상옥, 이봉창, 윤봉길) 많은 재산을 써서 문화재를 지켜낸 분들(전형필)이나 한글을 연구한 분들(주시경)도 있었습니다.

일제강점기는 어떤 시대일까요? - 그림 붙이기

◎ 일제강점기에 대한 단어를 쓰고 알맞은 그림을 붙여주세요.

일제강점기는 어떤 시대일까요? - 그림 찾기

일제강점기에 대한 단어와 그림을 바르게 이어보세요.

무단통치 •

3.1 운동 •

창씨개명 •

윤봉길 •

일본의 식민지가 된 조선

1. 조선은 **강화도조약**(1876년)을 통해 나라의 문을 열었습니다. 그 결과 일본과 서양의 여러 나라 사람들이 조선에 들어오게 되었습니다. 강화도조약은 일본에게 유리한 조약이었습니다.
2. 조선의 왕인 고종과 신하들은 나라를 강하게 하기 위해 여러 노력을 했지만 성공하지 못했습니다.(갑오개혁, 광무개혁) 일본을 막기 위해 러시아와 손잡았던 명성왕후는 일본에게 목숨을 잃고 말았습니다.(1894년, **을미사변**)
3. 청일전쟁(1894년)과 러일전쟁(1905년)에서 승리하는 일본은 **을사조약**(1905년)을 통해 우리나라의 외교권과 군사권을 빼앗았습니다. 나라를 구하기 위해 양반과 백성들이 **의병**을 일으켰지만 실패하고 말았습니다.
4. 헤이그사건을 계기로 고종을 황제자리에서 쫓아낸 일본은 강제로 한일합방조약을 맺었습니다. 이로써 조선은 망하고 일본이 우리나라를 차지하게 되었습니다. 이것을 다른 말로 식민지가 되었다고 표현합니다.

◎ 일본의 조선침략과 관련된 단어를 쓰고 그림을 바르게 붙여보세요.

★ **식민지**: 다른 나라가 차지하여 지배를 하는 곳입니다. 식민지가 된 곳은 사람과 자원을 빼앗깁니다.
★ **강화도조약**: 조선과 일본 사이에 사람과 물건이 오고 가는 것을 허용하는 것이 주된 내용입니다.
★ **조약**: 나라와 나라 사이의 약속 ★ **군사권**: 나라의 군대를 움직일 수 있는 권리
★ **외교권**: 다른 나라와 이야기하고 사람을 보낼 수 있는 권리

일본의 식민지가 된 조선 - 그림찾기

일본의 침략과 관련된 단어와 그림을 바르게 이어보세요.

- 강화도조약 •
- 을미사변 •
- 을사조약 •
- 의병 •

• 이렇게 당해야 하다니!.. / 을사조약 맺고 일본이 보호해 준다니까?

• 우리 나라를 구합시다!!

• 인정할 수 없어! 불평등해... / 강화도조약

• 네 이놈들! 감히 그러고도 무사할 줄 아느냐!

3·1 운동 역사신문

날짜 :

만든이 :

3·1 운동에 대한 역사신문을 완성해 보세요

일본의 지배에 맞서 일어난 우리나라 사람들

1910년, 조선을 차지한 일본은 우리나라 사람들에게 겁을 줘서 독립하려는 생각을 없애려고 하였다.(무단통치).
1919년 3월 1일, (   )의 죽음을 계기로 (   ) 33인이 모여 독립선언서를 발표하자 독립을 외치는 만세운동이 전국으로 퍼졌다. 당황한 일본은 만세운동에 참여한 사람들을 총칼로 공격하였다. 그 결과 많은 사람들이 죽고 다쳤다.

독립을 위해 목숨을 바친 소녀, (   )

OOO(1902~1920년) 열사는 지금의 충청남도 천안시에서 태어나 서울의 이화학당에 입학했다. 이화학당에서 공부하는 중 3·1운동을 맞이한 OOO은 고향인 천안으로 내려와 만세운동을 준비하였다. 4월 1일, 천안의 아우내장터에서 앞장서서 만세를 불렀고, OOO의 부모님을 포함한 19명이 목숨을 잃고 말았다. 일본경찰에 잡힌 OOO은 서대문형무소에 갇혔다. 그곳에서 가혹한 고문에 시달리다가 다음 해에 세상을 떠났다. 어린 나이에 3·1운동에 목숨을 바친 OOO을 기념하기 위해 독립기념관이 천안에 세워졌다.

3·1운동의 성과, (   ) 수립

3·1운동은 일본이 우리나라 사람들을 총칼로 억눌러서 실패하였다. 그러나 우리나라 사람들이 일본으로부터 벗어나고 싶어한다는 것을 여러 나라에 보여 주었다.
덕분에 독립운동가들이 힘을 모아 중국의 상해에 OOOO를 세울 수 있었다.(1919년 4월 1일) OOOO는 광복을 맞이할 때까지 독립을 위해 많은 노력을 하였다.

★ 독립: 어떤 지역이나 나라가 자유를 되찾는 것   ★ 열사: 몸을 희생하여 나라에 충성한 사람
★ 광복: 다시 빛을 찾았다는 말로 일본으로부터 벗어나 자유를 찾은 것을 말합니다.

노예처럼 살았던 우리나라 사람들

1. 일본은 조선총독부를 세워서 우리나라 사람들을 다스렸습니다. 일본이 우리나라를 다스렸던 기간 동안 우리나라 사람들은 모든 면에서 일본 사람보다 못한 대우를 받았습니다.
2. 조선을 차지한 일본은 우리나라 사람들에게 겁을 줘서 독립하려는 생각을 없애려고 했습니다. 군대의 경찰인 헌병들이 사람들을 가두고 때렸습니다. 학교에서는 선생님들이 칼을 차고 수업을 했습니다. 이렇게 힘으로 다스리는 것을 무단통치라고 합니다.
3. 일본의 무단통치에 맞서 3·1운동이 일어나자 일본은 문화통치를 내세웠습니다. 그 결과 우리 말로 된 신문과 여러 단체가 만들어 졌습니다. 그러나 문화통치는 친일파만 높여주는 속임수였습니다.
4. 중일전쟁과 2차 세계대전이 일어나자 일본은 우리나라 사람의 이름을 일본식 이름으로 바꾸게 했고(창씨개명), 많은 사람들을 전쟁터로 끌고 가서 목숨을 잃게 만들었습니다.

◎ 일본의 조선통치와 관련된 단어를 쓰고 그림을 바르게 붙여보세요.

★ 통치: 나라 또는 지역을 다스림 ● 교훈: 일본에게 나라를 빼앗기는 바람에 우리나라 사람들은 정말 힘들게 살았습니다. 일본은 곡식과 광물 같은 소중한 자원을 가져가고 수많은 사람들을 전쟁터로 끌고 갔습니다. 다시는 이런 일이 없도록 힘센 나라를 만들어야 할 것입니다.

노예처럼 살았던 우리나라 사람들 - 그림찾기

일본의 식민통치와 관련된 단어와 그림을 바르게 이어보세요.

조선총독부 •

무단통치 •

창씨개명 •

문화통치 •

나라를 되찾기 위한 독립운동

1. 일본에서 벗어나기 위해 많은 분들이 총을 들고 싸웠습니다. 중국 만주에서는 독립군이 봉오동(홍범도)과 청산리(김좌진)에서 일본군을 크게 물리쳤습니다.
2. 김원봉 선생이 의열단을 만들어 조선총독부, 종로경찰서, 동양척식주식회사 같이 우리나라 사람들을 괴롭히는 기관들을 공격했습니다.
3. 임시정부의 김구 주석은 한인애국단을 만들어 일본을 공격했습니다. 이봉창 의사가 일본의 왕에게 폭탄을 던졌고, 윤봉길 의사는 중국 상해에서 폭탄을 던져서 일본의 높은 사람들을 죽거나 다치게 했습니다.
4. 많은 재산을 써서 문화재를 지켜낸 전형필 선생, 한글을 연구한 주시경 선생도 독립을 위해 노력한 훌륭한 분들입니다.

◎ 나라를 되찾기 위한 독립운동과 관련된 단어를 쓰고 그림을 바르게 붙여보세요.

★ 의사: 많은 사람이 인정할만한 옳은 일을 한 사람
● 교훈: 우리나라가 독립을 얻기까지 수많은 분들이 목숨을 바쳤고 가족과 후손들이 가난 속에 사는 등 많은 희생이 있었습니다. 지금 우리가 누리는 자유는 이 분들의 희생 덕분이라는 것을 잊지 맙시다.

나라를 되찾기 위한 독립운동 - 그림찾기

우리나라의 독립운동과 관련된 단어와 그림을 바르게 이어보세요.

의열단 •

•

전형필 •

•

청산리대첩 •

•

윤봉길 •

•

노예처럼 살았던 우리나라 사람들과 나라를 되찾기 위한 독립운동 - 키워드 쓰기

노예처럼 살았던 우리나라 사람들

1. 일본은 (　　　　)를 세워서 우리나라 사람들을 다스렸습니다. 일본이 우리나라를 다스렸던 기간 내내 우리나라 사람들은 정치, 경제, 교육 등 모든 면에서 일본사람보다 못한 대우를 받았습니다.
2. 조선을 차지한 일본은 우리나라 사람들에게 겁을 줘서 독립하려는 생각을 없애려고 했습니다. 군대의 경찰인 헌병들이 사람들을 가두고 때렸습니다. 학교에서는 선생님들이 칼을 차고 수업을 했습니다. 이렇게 다스리는 것을 (　　　　)라고 합니다.
3. 일본의 무단통치에 맞서 3.1운동이 일어나자 (　　　　)를 내세웠습니다. 그 결과 우리말로 된 신문과 여러 단체가 만들어졌습니다. 그러나 문화통치는 친일파만 높여주는 속임수였습니다.
4. 중일전쟁과 2차 세계대전이 일어나자 일본은 우리나라 사람의 이름을 일본식 이름으로 바꾸게 했고 (　　　　), 많은 사람들을 전쟁터로 끌고 가서 목숨을 잃게 만들었습니다.

우리민족의 독립운동

1. 일본에서 벗어나기 위해 많은 분들이 총을 들고 싸웠습니다. 중국 만주에서는 독립군이 봉오동(홍범도)과 (　　　　)(김좌진)에서 일본군을 크게 물리쳤습니다.
2. 김원봉 선생이 (　　　　)을 만들어 조선총독부, 종로경찰서, 동양척식주식회사 같이 우리나라 사람들을 괴롭히는 기관들을 공격했습니다.
3. 임시정부의 김구 주석은 한인애국단을 만들어 일본을 공격했습니다. 이봉창 의사가 일본의 왕에게 폭탄을 던졌고, (　　　　) 의사는 중국 상해에서 폭탄을 던져서 일본의 높은 사람들을 죽거나 다치게 했습니다.
4. 많은 재산을 써서 문화재를 지켜낸 (　　　　) 선생, 한글을 연구한 주시경 선생도 독립을 위해 노력한 훌륭한 분들입니다.

현대는 어떤 시대일까요?

1. 일본은 세계 2차대전에 참가했지만 미국, 영국, 소련을 중심으로 한 연합국에 항복했습니다. 1945년 8월 15일, 일본이 항복하면서 우리나라는 일본의 지배에서 벗어났습니다. 우리는 이날을 광복절이라고 부릅니다.

2. 일본의 지배에서 벗어났지만 북쪽에는 소련군, 남쪽에는 미군이 들어오면서 남북(38선)으로 갈라지고 말았습니다. 그리고 어떤 나라를 세울 것인지를 둘러싸고 싸움이 벌어져 많은 사람이 목숨을 잃었습니다. (제주 4.3사건)

3. 1948년 남쪽과 북쪽에 서로 다른 정부가 들어섰습니다. 1950년 6월 25일, 북한이 쳐들어와서 전쟁이 시작되었습니다. (한국전쟁) 처음에는 대한민국이 불리했지만 미국을 중심으로 한 유엔군이 도와주면서 대한민국에 유리해졌습니다. 그러나 중국이 북한을 돕기 위해 군대를 보내면서 38선 근처에서 싸움을 계속했습니다. 결국 1953년 7월 27일 휴전협정을 맺으면서 전쟁을 멈추게 되었습니다. 한국전쟁은 3년이 넘는 동안 수백만 명의 사람들이 목숨을 잃고, 수많은 고아와 이산가족이 생긴 가슴 아픈 전쟁이었습니다.

4. 전쟁이 끝난 후 살기가 어려워서 다른 나라의 도움을 받을 수밖에 없었습니다. 그러나 국민이 열심히 일해서 만든 물건을 다른 나라에 팔면서 점점 살기 좋아졌습니다. 지금 우리나라는 경제의 크기가 전 세계에서 열세 번째인 나라입니다.

5. 우리나라는 경제성장뿐만 아니라 민주화도 이룩한 나라입니다. 나라를 마음대로 다스리는 독재자들이 여러 명 등장했지만 국민의 노력으로 몰아낼 수 있었습니다. 4·19혁명(1961년), 부산마산항쟁(1979년), 광주민주화운동(1980년), 6월 항쟁(1987년)을 통해 국민이 직접 대통령을 뽑는 민주주의 국가가 되었습니다.

★ 분단: 한 나라가 두 개 이상의 나라로 갈라지는 것
★ 고아: 부모님을 모두 잃은 아이   ★ 이산가족: 강제로 헤어진 가족

현대는 어떤 시대일까요? - 그림 붙이기

◎ 우리나라의 현대에 대한 단어를 쓰고 알맞은 그림을 붙여주세요.

현대는 어떤 시대일까요? - 그림 찾기

현대에 대한 단어와 그림을 바르게 이어보세요.

광복절	
제주 4·3사건	
한국전쟁	
민주화	

광복과 분단

1. 일본은 중국(1937년), 미국(1941년)과 전쟁을 시작하며 2차 세계대전에 참여했습니다. 일본은 독일, 이탈리아와 한 편(동맹국)이 되어 싸웠지만, 미국, 영국, 소련이 중심이 된 연합국에 항복했습니다. 1945년 8월 15일, 일본이 항복하면서 우리나라는 일본의 지배에서 벗어났습니다. 우리는 이날을 기념하여 광복절이라고 부릅니다.
2. 일본의 지배에서 벗어났지만 북쪽에는 소련군, 남쪽에는 미군이 들어오면서 남북(38선이 기준)으로 갈라지고 말았습니다. 그러자 이념에 따른 싸움이 시작되어 수많은 사람들이 목숨을 잃었습니다. 대표적인 사건이 수만 명이 목숨을 잃은 제주 4·3사건입니다.
3. 갈라진 나라를 다시 합치기 위해 김구 선생을 비롯한 여러 사람이 노력했지만 결국 남북에 서로 다른 정부가 들어서고 말았습니다.
4. 선거를 통해 국회의원을 뽑고(1948년 5월 10일) 헌법을 만들었습니다.(1948년 7월 18일, 제헌절) 1948년 8월15일 대한민국 정부가 세워졌습니다.

◎ 우리나라의 광복과 분단에 관련된 단어를 쓰고 그림을 바르게 붙여보세요.

★ 분단: 한 나라가 두 개 이상의 나라로 나눠지는 것
★ 이념: 어떤 것을 이상적으로 여기고 이루려는 생각입니다. 우리나라는 정치는 나라의 주인은 국민이라는 '민주주의'를 이념으로 삼고 있습니다. 경제는 자유로운 경쟁을 중요하게 생각하는 '시장경제'를 이념으로 삼고 있습니다.

광복과 분단 - 그림찾기

우리나라의 광복과 분단에 관련된 단어와 그림을 바르게 이어보세요.

38선 •

제주 4·3사건 •

김구 •

대한민국 정부수립 •

한국전쟁 역사신문

날짜 :

만든이 :

갑자기 쳐들어 온 북한군!

1948년, 우리나라의 남쪽과 북쪽에 서로 다른 정부가 들어서며 다툼이 심해졌다. 몇 년간 전쟁을 준비한 북한은 (　　　　　) 새벽 4시에 대한민국에 쳐들어왔다. 대한민국은 전쟁을 제대로 준비하지 못했기 때문에 3일 만에 수도인 서울이 북한군 손에 넘어갔다. 북한군은 계속 남쪽으로 내려와 대한민국의 90%가 넘는 땅을 차지했다. 이제 대한민국의 땅은 경상남도와 제주도만 남고 말았다.

전쟁을 역전시킨 맥아더 장군의 (　　　　)

북한이 이기고 있던 전쟁은 UN(국제연합)에서 군대를 보내면서 바뀌기 시작했다. 미국을 중심으로 한 유엔군은 낙동강을 중심으로 북한군의 공격을 막아냈다. 1950년 9월 15일, 맥아더 장군이 지휘하는 유엔군이 인천에 상륙하면서 북한군은 위아래로 공격을 받아 무너졌다. 9월 28일, 수도 서울을 다시 찾았고, 10월 1일에는 38선을 넘어 북쪽으로 향했다.

휴전협정으로 전쟁을 멈추다.

38선을 넘어 북쪽으로 향했던 유엔군은 북한과 중국의 국경인 압록강까지 올라갔다. 그러나 중국군이 북한군을 도와주면서 다시 남쪽으로 후퇴하였고, 38선 근처에서 치열한 싸움을 계속했다. 1951년 6월, 전쟁을 멈추기 위해 휴전회담이 시작되었고, 2년 후인 1953년 7월 27일 휴전협정을 맺으면서 전쟁을 멈추게 되었다. 휴전협정을 통해 38선은 (　　　)으로 바뀌었고, 남한과 북한의 사이는 더욱 안 좋아졌다. 한국전쟁은 3년이 넘는 동안 수백만 명의 사람들이 목숨을 잃고, 수많은 고아와 이산가족이 생긴 가슴 아픈 전쟁이었다.

★ 상륙: 바다에서 배를 이용해 상대방의 해안이나 강가에 군사를 보내는 것　★ 휴전: 전쟁을 일정 기간 멈추는 것

맨손으로 이뤄낸 경제성장

1. 전쟁으로 인해 많은 사람들이 죽고 다쳤습니다. 생활에 필요한 물건과 식량도 너무 부족했습니다. 그래서 다른 나라에게 도움을 받을 수 밖에 없었습니다. 대표적으로 미국이 밀, 설탕, 면화 등을 보내줬습니다.
2. 박정희 정부가 들어서면서 물건을 만들어 다른 나라에 파는 수출 위주의 경제정책을 펼쳤습니다.(1962년) 이를 통해 우리나라는 높은 경제성장을 이뤄냈습니다.
3. 처음에는 옷이나 신발같이 사람들이 직접 만드는 물건(경공업 제품)을 만들었습니다. 나중에는 철, 배, 자동차 같이 큰 기계가 필요한 물건(중공업 제품)을 만들어냈습니다.
4. 경제성장으로 도시에 사람이 모여들고 농촌보다 훨씬 잘살게 되었습니다. 그러자 정부에서는 농촌을 위해 새마을운동을 펼쳤습니다.
5. 높은 경제성장은 길고 힘든 노동과 낮은 월급을 참아낸 국민들의 노력 덕분이었습니다. 서울 동대문 평화시장의 옷 만드는 공장에서 일하던 스물두 살 청년 전태일은 이러한 현실에 분노하여 죽음으로 항의하였습니다.

◎ 우리나라의 경제성장과 관련된 단어를 쓰고 그림을 바르게 붙여보세요.

★ 면화: 목화에서 뽑은 실로 만든 천으로 보통 면이라고 부릅니다. 우리가 입는 반소매 티쳐츠를 면으로 만드는 경우가 많습니다.
★ 수출: 다른 나라에 물건을 파는 것을 말합니다. 반대로 다른 나라의 물건을 사는 것을 '수입'이라고 합니다.
★ 새마을운동: 1970년부터 시작한 운동으로 농촌을 위해 도로 건설, 전기와 상수도 설치, 집 고치기 등 여러 가지 활동을 했습니다.

맨손으로 이뤄낸 경제성장 - 그림찾기

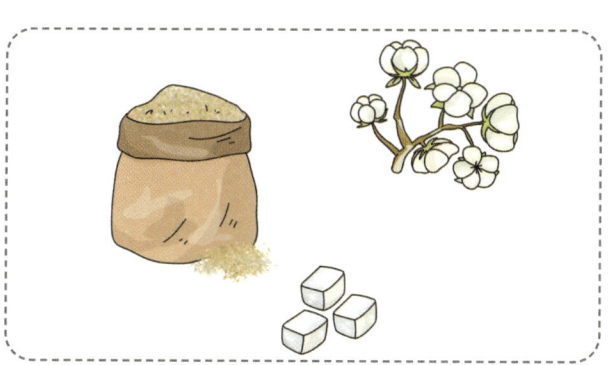

 우리나라의 경제성장과 관련된 단어와 그림을 바르게 이어보세요.

밀, 설탕, 면화 •

수출 •

새마을운동 •

전태일 •

우리나라 민주주의의 발전

우리나라는 경제발전과 함께 민주주의의 발전도 함께 이룬 나라입니다. 그러나 공짜로 이룬 것이 아니라 수많은 국민의 희생이 있었습니다.

◎ **4.19혁명**: 이승만 대통령은 대통령을 계속하기 위해 선거에서 여러 가지 잘못된 방법을 사용했습니다.(3.15 부정선거) 그러자 학생들을 중심으로 국민이 들고 일어나 이승만 정부를 무너뜨렸습니다.(1960년)

◎ **부마항쟁**: 5.16쿠데타로 권력을 잡은 박정희 대통령의 독재에 반대하는 운동이 부산과 마산에서 일어나 박정희 정부가 무너졌습니다.(1979년)

◎ **5.18 광주민주화운동**: 1979년 12.12쿠데타를 통해 권력을 잡은 전두환 정권에 맞서 싸운 광주 시민들이 목숨을 잃었습니다.(1980년)

◎ **6월 항쟁**: 전두환 정부의 독재에 맞서 국민이 대통령을 직접 뽑기 위해 일어난 사건입니다. 덕분에 우리나라는 국민이 직접선거를 통해 대통령을 뽑을 수 있게 되었습니다.(1987년)

◎ 우리나라 민주주의의 발전과 관련된 단어를 쓰고 그림을 바르게 붙여보세요.

★ **쿠데타**: 힘(무력)으로 권력을 빼앗는 것. 주로 무기를 가진 군인이 많이 일으킵니다. ★ **항쟁**: 맞서 싸움.
★ **독재**: 개인이나 몇몇 사람이 국민을 무시하고 마음대로 권력을 휘두르는 것
● **교훈**: 전쟁의 아픔을 이겨내고 국민들의 노력으로 세계적으로 잘사는 나라가 되었고, 국민이 직접 대통령을 뽑고 자유롭게 비판할 수 있는 나라가 되었습니다. 이런 나라는 세계에서 드문 만큼 우리는 충분히 자부심을 가질 만합니다.

우리나라 민주주의의 발전 - 그림찾기

우리나라의 민주주의와 관련된 단어와 그림을 바르게 이어보세요.

4·19혁명 •

• 또 다시 군사 독재라니 말도 안 된다! / 전두환은 물러가라!

부마항쟁 •

• 물러가라! / 군부 독재 반대! / 대통령 직선제!

5·18 광주 민주화운동 •

• 부정 선거 반대! / 시민들에게 총을 쏘다니 오래 못 갈 거다!

1987년 6월 항쟁 •

• 유신철폐 / 독재타도

우리나라의 현대 역사
(광복과 분단, 우리나라의 경제성장, 민주화운동)

광복과 분단

1. 일본은 중국(1937년), 미국(1941년)과 전쟁을 시작하며 2차 세계대전에 참가했습니다. 일본은 독일, 이탈리아와 한 편(동맹국)이 되어 싸웠지만, 결국 미국과 영국이 중심이 된 연합국에 항복했습니다. 1945년 8월 15일, 일본이 항복하면서 우리나라도 일본의 지배에서 벗어났습니다. 우리는 이날을 기념하여 광복절이라고 부릅니다.

2. 일본의 지배에서 벗어났지만 북쪽에는 소련군, 남쪽에는 미군이 들어오면서 남북((   ) 기준)으로 갈라지고 말았습니다. 그러자 이념에 따른 싸움이 시작되어 수많은 사람들이 목숨을 잃었습니다. 대표적인 사건이 수만 명이 목숨을 잃은 (   )입니다.

3. 갈라진 나라를 다시 합치기 위해 (   ) 선생을 비롯한 여러 사람이 노력했지만 결국 남북에 서로 다른 정부가 들어서고 말았습니다.

4. 선거를 통해 국회의원을 뽑고(1948년 5월 10일) 헌법을 만들었습니다.(1948년 7월 18일, 제헌절) 1948년 8월15일 (   )가 세워졌습니다.

우리나라의 경제성장

5. 전쟁으로 인해 많은 사람들이 죽고 다쳤습니다. 생활에 필요한 물건과 식량도 너무 부족했습니다. 그래서 다른 나라에게 도움을 받을 수 밖에 없었습니다. 대표적으로 미국이 (   ), (   ), (   ) 등을 보내줬습니다.

6. 박정희 정부가 들어서면서 물건을 만들어 다른 나라에 파는 (   ) 위주의 경제정책을 펼쳤습니다.(1962년) 이를 통해 우리나라는 높은 경제성장을 이뤄냈습니다.

7. 처음에는 옷이나 신발처럼 사람들이 직접 만드는 물건(경공업 제품)을 만들었습니다. 나중에는 철, 배, 자동차, 같이 큰 기계가 필요한 물건(중공업 제품)을 만들어냈습니다.

8. 경제성장으로 도시에 사람이 모여들고 농촌보다 훨씬 잘살게 되었습니다. 그러자 정부에서는 농촌을 위해 (   )을 펼쳤습니다.

9. 엄청난 경제성장은 길고 힘든 노동과 낮은 월급을 참아낸 국민들의 노력 덕분이었습니다. 서울 동대문 평화시장의 옷 만드는 공장에서 일하던 스물두 살 청년 (   )은 이러한 현실에 분노하여 죽음으로 항의하였습니다.

우리나라의 현대 역사
(광복과 분단, 우리나라의 경제성장, 민주화운동)

우리나라의 민주화운동

10. 우리나라는 경제발전과 함께 민주주의의 발전도 함께 이룬 나라입니다. 그러나 공짜로 이룬 것이 아니라 수많은 국민의 희생이 있었습니다.

11. (　　　　　): 이승만 대통령은 대통령을 계속 하기 위해 대통령선거에서 여러 가지 잘못된 방법을 사용했습니다.(3.15 부정선거) 그러자 학생들을 중심으로 국민이 들고 일어나 이승만 정부를 무너뜨렸습니다.(1960년)

12. (　　　　　): 5.16쿠데타로 권력을 잡은 박정희 대통령의 독재에 반대하는 운동이 부산과 마산에서 일어나 박정희 정부가 무너졌습니다.(1979년)

13. (　　　　　): 1979년 12.12쿠데타를 통해 권력을 잡은 전두환 정권에 맞서 싸운 광주 시민들이 목숨을 잃었습니다.(1980년)

14. (　　　　　): 전두환 정부의 독재에 맞서 국민이 대통령을 직접 뽑기 위해 일어난 사건입니다. 덕분에 우리나라는 국민이 직접선거를 통해 대통령을 뽑을 수 있게 되었습니다.(1987년)

부록

- 우리나라의 국경일 -

국경일에 대해 알아볼까요?

1. 나라에서 경사스러운 일을 축하하기 위해 법으로 정한 날을 국경일이라고 합니다. 국민들은 국경일을 기념하기 위해 태극기를 대문이나 창문에 달아야 합니다.

2. 1919년 3월 1일, 일본에게 빼앗긴 나라를 되찾기 위해 우리나라 사람들이 만세운동을 벌였습니다. 이를 기념하기 위한 날을 3.1절이라 부릅니다. 3.1운동을 통해 우리나라 사람들의 독립을 향한 바램을 여러 나라에 알릴 수 있었고 임시정부가 세워질 수 있었습니다.

3. 제헌절은 1948년 7월 17일에 우리나라의 헌법이 만들어지고 발표한 것을 기념하는 날입니다. 헌법은 가장 기본이 되는 법으로 "법 중의 법"이라고 불립니다. 헌법은 국민의 권리와 의무를 담고 있습니다. 그 외에 국회와 정부 등 국가 기관을 운영하는 기본 원칙과 선거 관리에 대한 내용이 있습니다.

4. 1945년 8월 15일, 일본은 제2차 세계대전에서 미국, 영국, 소련이 중심이 된 연합국에 항복했습니다. 일본이 전쟁에 지면서 우리나라는 독립을 맞이하였습니다. 이를 광복절이라고 합니다.

5. 개천절은 우리나라에서 처음으로 고조선이라는 나라가 세워진 것을 기념하는 날입니다. 고조선은 단군이 기원전 2333년 10월 3일에 세웠다고 합니다. 단군의 탄생에는 환웅, 곰, 호랑이가 주인공인 신화가 있습니다.

6. 한글날은 지금 우리가 쓰고 있는 글자인 한글이 만들어진 것을 기념하는 날입니다.(10월 9일) 한글은 1446년에 조선의 4대 왕인 세종대왕이 훈민정음이라는 이름으로 발표했습니다. 훈민정음은 백성을 가르치기 위한 바른 소리라는 뜻입니다.

★ 경사: 축하할 만한 기쁜 일

국경일에 대해 알아볼까요? - 그림 붙이기

◎ 국경일에 대한 단어를 쓰고 그림을 바르게 붙여보세요.

국경일에 대해 알아볼까요? - 그림 찾기

고조선이 세워진 날

헌법이 만들어진 것을 기념하는 날

국경일에 대한 단어와 그림을 바르게 이어보세요.

태극기 ●	● 
3.1절 ●	● 
제헌절 ●	● 
광복절 ●	● 
개천절 ●	● 
한글날 ●	● 

우리나라의 국경일 – 삼일절(3.1절)

1. 나라에서 경사스러운 일을 축하하기 위해 법으로 정한 날을 국경일이라고 합니다. 국민은 국경일을 기념하기 위해 태극기를 대문이나 창문에 달아야 합니다.
2. 3.1절은 일본에 빼앗긴 나라를 되찾기 위해 우리나라 사람들이 만세운동을 벌인 것을 기념하는 날입니다.
3. 1919년 3월 1일, 민족대표 33인이 모여 독립선언서를 발표하자 나라 곳곳에서 사람들이 모여서 태극기를 들고 대한독립 만세를 외쳤습니다.
4. 3.1 운동이 일어나자 일본은 총칼로 억눌렀습니다. 그 때문에 많은 사람이 잡혀가고 죽거나 다쳤습니다. 이 중에서 유관순 열사가 유명합니다.
5. 3.1 운동은 비록 실패했지만 우리나라 사람들이 일본에서 벗어나고 싶어 한다는 것을 여러 나라에 보여 주었습니다. 덕분에 독립운동가들이 힘을 모아 중국의 상해에 임시정부를 세울 수 있었습니다. (1919년 4월 1일)

◎ 3.1절에 대한 단어를 쓰고 그림을 바르게 붙여보세요.

①

②

③

④

★ 경사: 축하할 만한 기쁜 일

3.1절은 어떤 날 일까요?

3.1절에 대한 단어와 그림을 바르게 이어보세요.

태극기 •

•

3.1 운동 •

•

유관순 •

•

임시정부 •

•

우리나라의 국경일 - 제헌절

1. 나라에서 경사스러운 일을 축하하기 위해 법으로 정한 날을 국경일이라고 합니다. 국민은 국경일을 기념하기 위해 태극기를 대문이나 창문에 달아야 합니다.
2. 제헌절은 1948년 7월 17일에 우리나라의 헌법이 만들어지고 발표한 것을 기념하는 날입니다.
3. 헌법은 가장 기본이 되는 법으로 "법 중의 법"이라고 불립니다. 헌법은 국민의 권리와 의무를 담고 있습니다. 그 외에 국회와 정부 등 국가 기관을 운영하는 기본 원칙과 선거 관리에 대한 내용이 있습니다.
4. 국회에서 통과된 법이 헌법을 어긴다고 생각하는 사람은 헌법소원을 제기할 수 있습니다. 헌법소원은 헌법재판소에서 심사를 하고 결정을 합니다.
5. 대한민국 헌법 제1조는 "대한민국은 민주공화국이다." 와 "대한민국의 주권은 국민에게 있고, 모든 권력은 국민으로부터 나온다" 입니다.

◎ 제헌절에 대한 단어를 쓰고 그림을 바르게 붙여보세요.

①	②
③	④

★ 경사: 축하할 만한 기쁜 일

제헌절은 어떤 날 일까요?

가장 높고 기본이 되는 법

헌법이 만들어진 것을 기념하는 날

제헌절에 대한 단어와 그림을 바르게 이어보세요.

태극기 •

제헌절 •

헌법 •

가장 높고 기본이 되는 법

헌법재판소 •

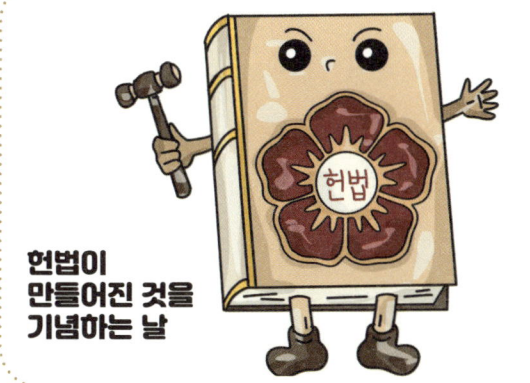

헌법이 만들어진 것을 기념하는 날

우리나라의 국경일 - 광복절

1. 나라에서 경사스러운 일을 축하하기 위해 법으로 정한 날을 국경일이라고 합니다. 국민은 국경일을 기념하기 위해 태극기를 대문이나 창문에 달아야 합니다.
2. 1945년 8월 15일, 일본은 제2차 세계대전에서 미국, 영국, 소련이 중심이 된 연합국에 항복했습니다. 일본이 전쟁에 지면서 우리나라는 독립을 맞이하였습니다. 이를 광복절이라고 합니다.
3. 일본이 우리나라를 다스린 시대를 일제강점기라고 합니다. (1910~1945년) 일본은 조선총독부를 세워서 우리나라 사람들을 다스렸습니다. 일본이 우리나라를 다스리는 동안 우리나라 사람들은 정치, 경제, 교육 등 모든 면에서 일본사람보다 못한 대우를 받았습니다. 중일전쟁과 2차 세계대전이 일어나자 일본은 우리나라 사람의 이름을 일본식 이름으로 바꾸게 했고(창씨 개명), 많은 사람을 전쟁터로 끌고 가서 목숨을 잃게 했습니다.
4. 일본의 지배에서 벗어가기 위해 많은 사람이 노력했습니다. 군대를 만들어 일본군과 싸운 분들 (김좌진, 홍범도)이 있었고, 일본의 기관이나 높은 사람을 공격한 분들도(김상옥, 이봉창, 윤봉길) 있었습니다. 많은 재산을 써서 문화재를 지켜낸 분들(전형필)이나 한글을 연구한 분들(주시경)도 있었습니다.

◎ 광복절에 대한 단어를 쓰고 그림을 바르게 붙여보세요.

①

②

③

④

광복절은 어떤 날 일까요?

광복절에 대한 단어와 그림을 바르게 이어보세요.

광복절 •

창씨개명 •

김좌진 •

윤봉길 •

우리나라의 국경일 - 개천절

1. 나라에서 경사스러운 일을 축하하기 위해 법으로 정한 날을 국경일이라고 합니다. 국민은 국경일을 기념하기 위해 태극기를 대문이나 창문에 달아야 합니다.
2. 개천절은 우리나라에서 처음으로 고조선이라는 나라가 세워진 것을 기념하는 날입니다. 고조선은 기원전 2333년 10월 3일에 세워졌다고 합니다.
3. 고조선은 단군이 세웠다고 합니다. 단군의 탄생에는 환웅, 곰, 호랑이가 주인공인 신화가 있습니다. 이것은 곰을 섬기는 부족과 하늘을 섬기는 환웅부족이 합해져 고조선이 세워진 것을 신화로 표현한 것이라고 합니다.
4. 고조선이 세워진 시대는 청동기시대입니다. 청동기는 구리와 주석을 섞어 만든 금속으로 대표적인 물건으로는 칼, 거울 등이 있습니다. 청동기시대가 되면서 사람을 높은 사람과 낮은 사람으로 나누는 계급이 생겼습니다.
5. 고인돌은 청동기시대에 족장과 같은 높은 사람들의 무덤입니다. 자신이 높은 사람이라는 것을 보여 주기 위해서 큰 돌로 무덤을 만들었습니다. 2000년에 세계문화유산이 되었습니다.

◎ 개천절에 대한 단어를 쓰고 그림을 바르게 붙여보세요.

①

②

③

④

개천절은 어떤 날 일까요?

고조선이 세워진 날

청동검 청동거울 청동방울

개천절에 대한 단어와 그림을 바르게 이어보세요.

개천절 ●

단군 ●

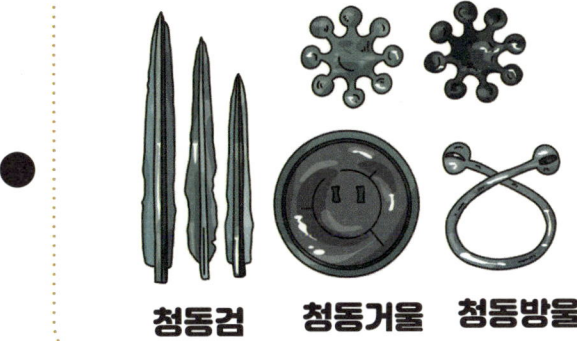

청동기 ●

고인돌 ●

우리나라의 국경일 – 한글날

1. 나라에서 경사스러운 일을 축하하기 위해 법으로 정한 날을 국경일이라고 합니다. 국민은 국경일을 기념하기 위해 태극기를 대문이나 창문에 달아야 합니다.
2. 한글날은 지금 우리가 쓰고 있는 글자인 한글이 만들어진 것을 기념하는 날입니다. (10월 9일) 한글은 1446년에 조선의 4대 왕인 세종대왕이 훈민정음이라는 이름으로 발표했습니다. 한글이 만들어지기 전에는 중국의 글자인 한자를 사용했습니다. 한자는 배우기 어려웠기 때문에 세종대왕은 백성들을 위해 훈민정음을 만들었고, 나중에 한글이라는 이름으로 바뀌었습니다.
3. 한글은 소리가 나는 대로 글자를 쓸 수 있는 표음문자입니다. 처음에는 28자로 만들어졌는데 일제강점기에 조선어학회에서 24자로 정했습니다.
4. 유네스코(국제연합교육과학문화기구)에서는 사람들이 글자를 읽고 쓸 수 있도록 노력한 사람이나 단체에 매년 세종대왕 문해상을 주고 있습니다.

◎ 한글날에 대한 단어를 쓰고 그림을 바르게 붙여보세요.

①

②

③

④

한글날은 어떤 날 일까요?

한글날에 대한 단어와 그림을 바르게 이어보세요.

태극기 ●	● 
한글날 ●	● 
세종대왕 ●	● 
세종대왕 문해상 ●	● 

역사
특수교사가 쓴 우리역사 첫걸음

초판인쇄 2024년 8월 22일
초판발행 2024년 8월 30일

지은이 권혁운
발행인 조현수
기획 조영재
디자인 디자인붐
삽화 손유진
영업 최문섭

펴낸곳 도서출판 가온누리
주소 경기도 파주시 광인사길 68 201-4호
전화 031-942-5366
팩스 031-942-5368
이메일 provence70@naver.com
등록번호 제396-2022-000130호
ISBN 979-11-982026-7-3 (73910)

Copyright ⓒ권혁운. 2024
이 책은 저작권법에 따라 보호를 받는 저작물이므로 무단 전제와 복제를 금합니다.
이 책의 판권은 저자에게 있으며, 이 책의 내용의 전부 또는 일부를 이용하려면
반드시 저작권자와 도서출판 가온누리의 서면 동의를 받아야 합니다.

책값은 뒤표지에 있습니다.
파본은 구입처나 본사에서 교환해드립니다.